चक्र साधना

आध्यात्मिक उत्थान का मार्ग

डॉ. मीनाक्षी बंसल

Made with ♥ on the Notion Press Platform
www.notionpress.com

|| समस्त संसार के ज्ञान-प्रेमियों को समर्पित ||

जो सत्य की खोज में, ज्ञान की राह पर अग्रसर हैं।
जिनकी जिज्ञासा कभी थमती नहीं, और जिनका उद्देश्य केवल आत्मविकास ही नहीं, बल्कि संसार के कल्याण का भी है—यह कृति उन सभी साधकों को सादर अर्पित है।

क्रम-सूची

क्रम-सूची

प्रार्थना

ओम भद्रं कर्णेभिः श्रुणुयाम देवाः।
भद्रं पश्येमाक्षभिर्यजत्राः।
स्थिरैरंगैस्तुष्टुवांसस्तनूभिः।
व्यशेम देवहितं यदायुः।
स्वस्ति न इंद्रो वृद्धश्रवाः।
स्वस्ति नः पूषा विश्ववेदाः।
स्वस्ति नस्ताक्ष्यों अरिष्टनेमिः।
स्वस्ति नो बृहस्पतिर्दधातु।
ओम शांतिः शांतिः शांतिः।

यह मंत्र सार्वभौमिक कल्याण के लिए प्रार्थना है। इसमें विभिन्न देवताओं से सुरक्षा, स्वास्थ्य और सुख के लिए आशीर्वाद की याचना की गई है। यह मंत्र सभी इंद्रियों से शुभ का अनुभव करने और दिव्य उद्देश्य के साथ जीवन जीने के महत्व को रेखांकित करता है।

इंद्र, पूषा, ताक्ष्य (गरुड़) और बृहस्पति की कृपा से यह प्रार्थना जीवन में कल्याण और शांति की कामना करती है। अंत में " ओम शांतिः शांतिः शांतिः" तीन बार दोहराने का अर्थ है - व्यक्तिगत, पर्यावरणीय, और वैश्विक स्तर पर शांति की गहन कामना। यह मंत्र शांति, समृद्धि और सभी प्राणियों के शारीरिक एवं आध्यात्मिक कल्याण के लिए पाठ किया जाता है।

लेखिका के बारे में

डॉ. मीनाक्षी बंसल, जो भारत की राजधानी दिल्ली में जन्मीं, ने अपनी ज़िंदगी कला, शिक्षा, और समाज कल्याण के प्रति गहरी प्रतिबद्धता के साथ बिताई है। विवाह के बाद, उन्होंने अहमदाबाद, गुजरात को अपना नया निवास स्थान बनाया, जहाँ वे प्रेरणा का स्रोत बनकर उभरीं। डॉ. मीनाक्षी न केवल ललित कला की कुशल कलाकार हैं, बल्कि एक प्रतिष्ठित लेखिका, समर्पित समाजसेविका और मनोविज्ञान की विद्वान शोधकर्ता भी हैं। उनका जीवन, विशेष रूप से समाज के वंचित और पिछड़े बच्चों के उत्थान के प्रति समर्पण, सहभागिता और सहानुभूति की शक्ति में उनके गहरे विश्वास का परिचायक है।

अपने प्रारंभिक दिनों से ही मीनाक्षी ने पढ़ने के प्रति एक अदम्य लगन दिखाई। उनके साहित्यिक संसार में नैतिक कहानियाँ, प्रेरणादायक कथाएँ, और जीवन पाठों से परिपूर्ण पौराणिक गाथाएँ शामिल थीं। यह पढ़ने की आदत केवल व्यक्तिगत विकास के लिए नहीं थी, बल्कि छात्रों और सहकर्मियों के विकास के लिए इन कहानियों के सार को साझा करने की इच्छा से प्रेरित थी। वे विशेष रूप से आदि शंकराचार्य, स्वामी विवेकानंद, डॉ. एपीजे अब्दुल कलाम, महामना पंडित मदन मोहन मालवीय, महात्मा गांधी, सरदार वल्लभभाई पटेल, और विनोबा भावे जैसे ऐतिहासिक और आध्यात्मिक नेताओं के जीवन और शिक्षाओं से प्रभावित थीं। उनके विचार और जीवन कथाएँ मीनाक्षी को दृढ़ता, निःस्वार्थता और ज्ञान की खोज के आदर्शों को अपनाने के लिए प्रेरित करती रहीं।

डॉ. मीनाक्षी का मनोविज्ञान में शैक्षणिक और व्यावहारिक योगदान भी उल्लेखनीय है। एक शोधकर्ता के रूप में, उनका ध्यान मानव मन की जटिलता को समझने और मनोवैज्ञानिक कल्याण और सामाजिक समरसता के लिए संभावनाओं को उजागर करने पर केंद्रित रहा है। उनके सामाजिक कार्यों में, वे अपने अकादमिक ज्ञान को समाज के वंचित वर्गों के जीवन में वास्तविक परिवर्तन लाने के लिए उपयोग करती हैं। उनका समाज सेवा का दृष्टिकोण पारंपरिक ज्ञान और आधुनिक मनोवैज्ञानिक पद्धतियों का अनूठा संयोजन है, जो समाज के बहुआयामी मुद्दों का समाधान करता है।

उनकी कलात्मक प्रतिभाएँ, जो उनके विविध कौशल का एक और पहलू हैं, केवल व्यक्तिगत रुचि तक सीमित नहीं हैं। उनकी कला प्रतीकात्मकता और भावनात्मक गहराई से भरपूर होती है, जो उनके दार्शनिक विचारों और सामाजिक चिंताओं को व्यक्त करती है। उनकी रचनाएँ दर्शकों को उनके बुद्धिमत्ता और करुणा की गहराई में झांकने का अवसर प्रदान करती हैं।

कला और समाज विज्ञान के अतिरिक्त, डॉ. मीनाक्षी ने प्राणिक हीलिंग की उपचार कला में भी महारत हासिल की है, जिसे मास्टर चोआ कोक सुई ने विकसित किया था। यह पद्धति, जो शरीर और आभा को ठीक करने के लिए प्राण या जीवन ऊर्जा के उपयोग पर केंद्रित है, न केवल उनके लिए एक व्यक्तिगत खोज रही है, बल्कि दूसरों को उपचार प्रदान करने का एक माध्यम भी है। प्राणिक हीलिंग में उनकी दक्षता विभिन्न प्रकार के ध्यान सिखाने और अभ्यास के साथ पूरी होती है, जो व्यक्तियों और समुदायों में पुनरुत्थान, व्यक्तिगत विकास और समरसता के संवर्धन पर केंद्रित है।

डॉ. मीनाक्षी का जीवन केवल व्यक्तिगत उपलब्धियों की खोज नहीं है, बल्कि समाज के उत्थान और सशक्तिकरण के प्रति समर्पित एक यात्रा है। उनकी विविध रुचियाँ और प्रतिभाएँ—कला, साहित्य, मनोविज्ञान, और उपचार पद्धतियों को जोड़ती हुई—सेवा के एकमात्र पथ पर केंद्रित हैं। वे उन महान हस्तियों की भावना को आत्मसात करती हैं, जिन्होंने उन्हें प्रेरित किया, और अपने कार्यों और शिक्षाओं के माध्यम से उनकी विरासत को आगे बढ़ाती हैं। अपनी पुस्तकों, कला और सामाजिक पहलों के माध्यम से, वे नई पीढ़ी को आत्म-खोज, दृढ़ता और निःस्वार्थता की यात्रा पर चलने के लिए प्रेरित करती हैं।

समाज कल्याण के प्रति उनकी प्रतिबद्धता, विशेष रूप से वंचित बच्चों के उत्थान पर ध्यान केंद्रित करना, शिक्षा और व्यक्तिगत विकास की परिवर्तनकारी क्षमता की उनकी गहरी समझ को दर्शाती है। मनोविज्ञान, कलात्मक संवेदनशीलता और उपचार पद्धतियों के ज्ञान को जोड़कर, डॉ. बंसल ने एक समग्र दृष्टिकोण विकसित किया है जो न केवल तात्कालिक आवश्यकताओं बल्कि समुदायों की दीर्घकालिक भलाई को भी संबोधित करता है।

एक लेखिका के रूप में, डॉ. मीनाक्षी की रचनाएँ प्रेरणादायक अंतर्दृष्टियों,

व्यावहारिक ज्ञान और उनके विस्तृत अध्ययन और जीवन के अनुभवों से लिए गए चिंतनशील विचारों का मिश्रण प्रस्तुत करती हैं। उनकी पुस्तकें उन लोगों के लिए मार्गदर्शिका के रूप में कार्य करती हैं, जो जीवन की जटिलताओं को अनुग्रह, दृढ़ता और उद्देश्य के साथ नेविगेट करना चाहते हैं। अपनी कहानियों के माध्यम से, वे अपने पाठकों को अपने भीतर की गहराइयों का पता लगाने और समाज की सामूहिक भलाई में अर्थपूर्ण योगदान देने के लिए आमंत्रित करती हैं।

डॉ. मीनाक्षी बंसल में हमें एक अद्वितीय कलाकार, विद्वान, उपचारकर्ता और सामाजिक कार्यकर्ता का अद्भुत समन्वय मिलता है। उनका जीवन कार्य आशा का प्रतीक और दुनिया में बदलाव लाने की इच्छा रखने वाले व्यक्तियों के लिए प्रेरणा का स्रोत है। उनकी कहानी सहानुभूति और मानवता की भलाई के प्रति गहरी प्रतिबद्धता से प्रेरित व्यक्तिगत प्रयासों की शक्ति की एक प्रेरक याद दिलाती है। डॉ. मीनाक्षी की विरासत केवल उनके प्रयासों के ठोस परिणामों में नहीं है, बल्कि उस स्थायी जिज्ञासा, सहानुभूति और सेवा की भावना में है, जिसे वे प्रतिपादित करती हैं।

प्रस्तावना

जीवन की रंगीन बुनाई में, हम सभी खोजकर्ता हैं, जो अर्थ, जुड़ाव, और आंतरिक शांति की तलाश में हैं। हमारी यात्रा पूर्णता की खोज है, स्वयं को और ब्रह्मांड में अपनी जगह को समझने का प्रयास है। यह पुस्तक, वर्षों के व्यक्तिगत अन्वेषण और अध्ययन से उत्पन्न एक विनम्र भेंट, आपको चक्रों के माध्यम से एक परिवर्तनकारी यात्रा पर चलने का आमंत्रण है। ये प्राचीन ऊर्जा केंद्र हमारे शारीरिक, भावनात्मक, और आध्यात्मिक कल्याण की कुंजी रखते हैं।

मेरी अपनी चक्रों के साथ यात्रा कई वर्षों पहले शुरू हुई, जब मैं गहरे व्यक्तिगत उथल-पुथल के दौर से गुजर रहा था। खोया और असंबद्ध महसूस करते हुए, मैंने विभिन्न आध्यात्मिक परंपराओं में सांत्वना खोजी और अंततः चक्र प्रणाली की प्राचीन ज्ञान को खोजा। जब मैंने इस जटिल प्रणाली में गहराई से प्रवेश किया, तो मैंने समझा कि कैसे मेरे अपने अनुभव, भावनाएं और विश्वास मेरे चक्रों की स्थिति में प्रतिबिंबित होते हैं। ध्यान, योग, ऊर्जा चिकित्सा और अन्य प्रथाओं के माध्यम से, मैंने आत्म-खोज की यात्रा शुरू की, धीरे-धीरे अपने चक्रों को जागृत और संतुलित किया और अंततः अपने चेतना में एक गहरा परिवर्तन अनुभव किया।

इस परिवर्तनकारी यात्रा ने मुझे अपने ज्ञान और अनुभवों को दूसरों के साथ साझा करने के लिए प्रेरित किया, उन्हें उनके अपने चक्र अन्वेषण और चिकित्सा के मार्ग पर मार्गदर्शन करने के लिए। एक अभ्यासकर्ता और शिक्षक के रूप में, मैंने व्यक्तिगत जीवन में चक्र चिकित्सा के गहरे प्रभाव को प्रत्यक्ष रूप से देखा है। मैंने लोगों को शारीरिक बीमारियों से उबरते हुए, भावनात्मक अवरोधों को मुक्त करते हुए, अपनी आवाज़ खोजते हुए, आध्यात्मिक संबंध को गहराते हुए, और अंततः, अधिक संपूर्ण और आनंदमय जीवन जीते हुए देखा है।

यह पुस्तक मेरे वर्षों के अनुभव और अध्ययन का परिणाम है, उन सभी के लिए एक मार्गदर्शिका है जो अपने चक्रों की शक्ति को समझने और उसका उपयोग करने के इच्छुक हैं। यह कोई परिभाषित पाठ्यपुस्तक नहीं है, बल्कि आत्म-खोज की यात्रा में एक साथी है। मैं आपको इस पुस्तक को खुले मन और हृदय से पढ़ने

के लिए प्रोत्साहित करता हूँ, जिससे चक्रों की ज्ञान आपकी आंतरिक जानकारी के साथ प्रतिध्वनित हो सके।

इन पृष्ठों में, आपको प्रत्येक चक्र का व्यापक अन्वेषण मिलेगा, रीढ़ की हड्डी के आधार पर स्थित मूलाधार चक्र से लेकर सिर के शीर्ष पर स्थित सहस्रार चक्र तक। आप प्रत्येक चक्र की विशिष्ट विशेषताओं और कार्यों, असंतुलन से संबंधित शारीरिक और भावनात्मक लक्षणों, और उन्हें ठीक और संतुलित करने के विभिन्न उपकरणों और तकनीकों के बारे में जानेंगे।

हम चक्र ध्यान की शक्ति का अन्वेषण करेंगे, एक ऐसी प्रथा जो हमें अपने आंतरिक स्वयं से जुड़ने, मन को शांत करने और अपनी ऊर्जा केंद्रों को सक्रिय करने की अनुमति देती है। हम चक्र योग की दुनिया में प्रवेश करेंगे, यह खोजेंगे कि कैसे विशिष्ट आसन प्रत्येक चक्र को उत्तेजित और संतुलित कर सकते हैं, और शारीरिक और ऊर्जा-संरेखण को बढ़ावा दे सकते हैं। हम चक्र ध्वनियों, रंगों, क्रिस्टलों और अरोमाथेरेपी की उपचार शक्ति के साथ-साथ हमारी ऊर्जा प्रणाली को पोषण देने के लिए चक्र पोषण के महत्व का भी अन्वेषण करेंगे।

चक्रों की यात्रा केवल हमारे ऊर्जा केंद्रों को संतुलित और सामंजस्यपूर्ण बनाने के बारे में नहीं है। यह हमारी छाया पक्षों को एकीकृत करने, हमारी पूर्णता को अपनाने और हमारी पूर्ण क्षमता को जागृत करने के बारे में भी है। हम चक्र छाया कार्य की अवधारणा का अन्वेषण करेंगे, एक शक्तिशाली उपकरण जो हमारे दबी हुई भावनाओं, भय और सीमित विश्वासों को उजागर और एकीकृत करने में मदद करता है। हम चक्र एकीकरण की परिवर्तनकारी प्रक्रिया का भी अन्वेषण करेंगे, जिसमें हमारे अस्तित्व के विविध धागों को एक सामंजस्यपूर्ण संपूर्ण में बुनना शामिल है।

अंत में, हम चक्र आरोहण की अवधारणा का अन्वेषण करेंगे, सीमाओं को पार करने और चेतना का विस्तार करने की यात्रा। यह निरंतर विकास और वृद्धि का मार्ग है, जहां हम पुराने पैटर्न और विश्वासों को छोड़ते हैं, जागरूकता के नए स्तरों को अपनाते हैं, और अपनी सर्वोच्च क्षमता को आत्मसात करते हैं।

चक्रों के माध्यम से यात्रा आत्म-खोज, चिकित्सा, और परिवर्तन की आजीवन

प्रक्रिया है। यह एक यात्रा है जो धैर्य, प्रतिबद्धता, और हमारे अस्तित्व की गहराइयों का अन्वेषण करने की इच्छा की मांग करती है। हालांकि, इसके पुरस्कार अनमोल हैं। अपने चक्रों को जागृत और संतुलित करके, हम अधिक आनंद, संतोष और आध्यात्मिक संबंध का अनुभव कर सकते हैं। हम गहरे संबंध बना सकते हैं, अपनी रचनात्मक क्षमता को उजागर कर सकते हैं, और एक ऐसा जीवन जी सकते हैं जो हमारे सर्वोच्च उद्देश्य के साथ संरेखित हो।

मैं आपको इस यात्रा को खुले मन और हृदय से आरंभ करने के लिए आमंत्रित करता हूँ। चक्रों का ज्ञान आपके मार्ग को प्रकाशित करे, और आप अपने भीतर अनंत संभावनाओं की खोज करें।

डॉ. मीनाक्षी बंसल
सामाजिक कार्यकर्ता
अहमदाबाद, गुजरात, भारत

༄

1

मूलाधार चक्र: आधार और स्थिरता

मूलाधार चक्र, जिसे संस्कृत में मूलाधार कहते हैं, हमारी ऊर्जा प्रणाली की नींव है। यह रीढ़ की हड्डी के आधार पर स्थित होता है और हमें पृथ्वी से जोड़ता है, जो हमें स्थिरता, सुरक्षा और आधार का अनुभव कराता है। एक वृक्ष की जड़ों की तरह, यह हमारे पूरे अस्तित्व को पोषण देता है, हमें दुनिया में एक स्थान और सुरक्षा का अनुभव कराता है। जब यह चक्र संतुलित होता है, तो हम स्थिर, सुरक्षित और जीवन की चुनौतियों का सामना करने में आत्मविश्वासी महसूस करते हैं। हालांकि, जब यह असंतुलित होता है, तो हम भय, चिंता और अस्थिरता का अनुभव कर सकते हैं। इस ऊर्जा केंद्र को समझना और पोषण करना व्यक्तिगत विकास और कल्याण के लिए एक मजबूत नींव स्थापित करने में महत्वपूर्ण है।

मूलाधार चक्र का रंग लाल है, इसका तत्व पृथ्वी है, और यह गंध की भावना से जुड़ा है। इसकी ऊर्जा घनी और स्थिर होती है, जो हमें स्थिरता और सुरक्षा का अनुभव कराती है। यह चक्र अस्तित्व का चक्र है, जो हमारे बुनियादी आवश्यकताओं – भोजन, आवास, और सुरक्षा – के लिए जिम्मेदार है। जब यह चक्र संतुलित होता है, तो हम अपने शारीरिक शरीर और प्राकृतिक दुनिया से जुड़े हुए महसूस करते हैं। हम अपने परिवेश में सुरक्षित और संरक्षित महसूस करते हैं और आत्म-संरक्षण की एक मजबूत भावना रखते हैं।

मूलाधार चक्र के संतुलन को प्रभावित करने वाले कई कारक हो सकते हैं। आघात,

तनाव, और उपेक्षा इस ऊर्जा केंद्र में असंतुलन का कारण बन सकते हैं। शारीरिक रोग, जैसे कि निचले हिस्से की पीठ या पैरों पर प्रभाव डालने वाली चोटें या बीमारियाँ, भी मूलाधार चक्र को प्रभावित कर सकती हैं। इसके अलावा, प्रकृति से जुड़ाव की कमी या अपने शरीर से अलगाव का अनुभव इस चक्र में असंतुलन पैदा कर सकता है।

जब मूलाधार चक्र असंतुलित होता है, तो हम कई प्रकार के शारीरिक और भावनात्मक लक्षणों का अनुभव कर सकते हैं। शारीरिक लक्षणों में थकान, कब्ज, पीठ दर्द, और ठंडे हाथ-पैर शामिल हो सकते हैं। भावनात्मक लक्षणों में चिंता, भय, असुरक्षा और आत्मविश्वास की कमी शामिल हो सकती है। हम अपने शरीर से अलगाव और आधार की कमी का अनुभव कर सकते हैं। गंभीर मामलों में, असंतुलित मूलाधार चक्र खाने के विकारों या वस्तुओं को जमा करने के व्यवहार के रूप में प्रकट हो सकता है।

सौभाग्य से, मूलाधार चक्र को संतुलित और ठीक करने के कई तरीके हैं। सबसे प्रभावी तरीकों में से एक प्रकृति में समय बिताना है। धरती पर नंगे पैर चलना, बागवानी करना, या बस किसी पेड़ के नीचे बैठना हमारी ऊर्जा को आधार देने और स्थिर करने में मदद कर सकता है। शारीरिक गतिविधियाँ, जैसे योग या ताई ची, भी सहायक हो सकती हैं, क्योंकि ये हमें हमारे शरीर और पृथ्वी से जोड़ने में मदद करती हैं। ध्यान या गहरी साँस लेने के व्यायाम जैसे विश्राम और तनाव कम करने वाले कार्य भी मूलाधार चक्र के संतुलन को बहाल करने में मदद कर सकते हैं।

मूलाधार चक्र को ठीक करने के लिए एक और शक्तिशाली उपकरण सकारात्मक पुष्टि (affirmations) का उपयोग है। ये सकारात्मक वाक्यांश होते हैं जिन्हें हम अपने अवचेतन मन को फिर से प्रोग्राम करने के लिए दोहराते हैं। जब हम आधार, स्थिरता, और सुरक्षा पर ध्यान केंद्रित करने वाले पुष्टि वाक्यांशों का उपयोग करते हैं, तो हम अपनी ऊर्जा में बदलाव लाकर जीवन पर एक अधिक सकारात्मक दृष्टिकोण बना सकते हैं। मूलाधार चक्र के लिए कुछ पुष्टि वाक्यांश हैं: "मैं सुरक्षित और संरक्षित हूँ," "मैं स्थिर और संतुलित हूँ," "मैं ब्रह्मांड पर विश्वास करता हूँ कि वह मेरी आवश्यकताओं को पूरा करेगा," और "मैं समृद्धि के योग्य हूँ।"

प्रकृति में समय बिताने, योग या ताई ची करने, और पुष्टि वाक्यांशों का उपयोग करने के अलावा, मूलाधार चक्र के स्वास्थ्य को समर्थन देने के लिए आप कई अन्य कार्य कर सकते हैं। जड़ वाली सब्जियों, जैसे गाजर, चुकंदर और आलू से भरपूर स्वस्थ आहार लेना इस ऊर्जा केंद्र को पोषण देने में मदद कर सकता है। लाल रंग पहनना या अपने परिवेश में लाल रंग शामिल करना भी फायदेमंद हो सकता है। पचौली या चंदन जैसे आवश्यक तेलों का उपयोग भी आपकी ऊर्जा को आधार देने और स्थिर करने में मदद कर सकता है।

अपने मूलाधार चक्र से जुड़ने का एक और तरीका रचनात्मक अभिव्यक्ति है। नृत्य, ढोल बजाना, या कला बनाना इस ऊर्जा केंद्र में संग्रहीत भावनाओं को व्यक्त करने और छोड़ने के शक्तिशाली तरीके हो सकते हैं। जब हम अपनी भावनाओं को स्वस्थ तरीके से व्यक्त करते हैं, तो हम उपचार और किसी भी रुकावट को छोड़ने की प्रक्रिया शुरू कर सकते हैं जो हमें स्थिर और सुरक्षित महसूस करने से रोक रही है।

यह भी महत्वपूर्ण है कि समुदाय और जुड़ाव की भूमिका को मूलाधार चक्र के संतुलन में समझा जाए। प्रियजनों के साथ समय बिताना, सामाजिक गतिविधियों में भाग लेना, और समुदाय की भावना का निर्माण करना सभी के लिए जुड़ाव और सुरक्षा का अनुभव करना महत्वपूर्ण है। जब हम दूसरों से समर्थित और जुड़े हुए महसूस करते हैं, तो हम अपने जीवन में अधिक स्थिर और संतुलित महसूस करते हैं।

अंततः, मूलाधार चक्र को ठीक करना आत्म-खोज और आत्म-प्रेम की यात्रा है। इस ऊर्जा केंद्र को समझने और पोषण देने के लिए समय निकालकर, हम व्यक्तिगत विकास और कल्याण के लिए एक मजबूत नींव बना सकते हैं। हम एक आंतरिक शांति और स्थिरता की भावना विकसित कर सकते हैं जो हमें जीवन की चुनौतियों का अनुग्रह और लचीलापन के साथ सामना करने की अनुमति देती है।

जब हम अपने मूलाधार चक्र को ठीक और संतुलित करते हैं, तो हम समृद्धि और प्रचुरता की एक अधिक गहरी भावना के लिए अपने आप को खोलते हैं। हम उन अवसरों के प्रति अधिक जागरूक हो जाते हैं जो हमारे लिए उपलब्ध हैं, और हमारे सपनों को पूरा करने का आत्मविश्वास रखते हैं। हम प्राकृतिक दुनिया और

ब्रह्मांड में अपनी जगह के प्रति अधिक सचेत हो जाते हैं। इस ऊर्जा केंद्र का पोषण करके, हम एक ऐसी तरंग प्रभाव पैदा करते हैं जो हमारे जीवन के हर पहलू को सकारात्मक रूप से प्रभावित करता है।

यह ध्यान रखना महत्वपूर्ण है कि मूलाधार चक्र को ठीक करना एक सतत प्रक्रिया है। यह रातोंरात नहीं होता। यह धैर्य, प्रतिबद्धता, और हमारे आंतरिक परिदृश्य का अन्वेषण करने की इच्छा की माँग करता है। हालांकि, इसके लाभ अनमोल हैं। जब हम अपने मूलाधार चक्र में निवेश करते हैं, तो हम स्वयं में निवेश करते हैं। हम आनंद, समृद्धि, और कल्याण से भरे जीवन के लिए एक मजबूत नींव बनाते हैं।

आपके चक्र आपकी आत्मा के जीवंत रंग हैं, प्रत्येक आपके अस्तित्व की कृति में एक अनोखा रंग है। इन्हें समझकर और पोषण देकर, आप अपनी ऊर्जा की एक सिम्फनी को अनलॉक करते हैं जो आपके शरीर, मन, और आत्मा को सामंजस्य में लाती है।

2

स्वाधिष्ठान चक्र: सृजनात्मकता और संवेदनशीलता

स्वाधिष्ठान चक्र, जिसे संस्कृत में स्वाधिष्ठान कहा जाता है, रचनात्मकता, जुनून, आनंद और संवेदनशीलता का स्रोत है। नाभि के ठीक नीचे स्थित यह चक्र हमारी भावनाओं, संबंधों और जीवन की रचनात्मक धारा से हमारे जुड़ाव को नियंत्रित करता है। एक जीवंत नदी की तरह, यह हमारे आनंद, अंतरंगता, और हमारे वास्तविक स्व की अभिव्यक्ति की क्षमता को पोषण देता है। जब यह चक्र संतुलित होता है, तो हम गहरे आनंद, समृद्धि, और रचनात्मक प्रेरणा का अनुभव करते हैं। हालांकि, जब यह असंतुलित होता है, तो हम भावनात्मक अस्थिरता, अंतरंगता के भय, या रचनात्मक अभिव्यक्ति की कमी से संघर्ष कर सकते हैं। इस ऊर्जा केंद्र को समझना और पोषण देना एक समृद्ध और पूर्ण जीवन जीने के लिए आवश्यक है।

स्वाधिष्ठान चक्र का रंग नारंगी है, इसका तत्व जल है, और यह स्वाद की भावना से जुड़ा हुआ है। इसकी ऊर्जा तरल और गतिशील है, जो हमारी भावनाओं और रचनात्मक प्रेरणाओं के प्रवाह और ज्वार को दर्शाती है। यह आनंद, अंतरंगता, और संवेदनशीलता का चक्र है, जो हमारे दूसरों के साथ गहरे और अर्थपूर्ण स्तर पर जुड़ने की क्षमता के लिए जिम्मेदार है। जब यह चक्र संतुलित होता है, तो हम अपने जीवन में आनंद, जुनून और समृद्धि की भावना महसूस करते हैं। हम नए

अनुभवों के लिए खुले होते हैं और अपनी भावनाओं और शरीर के साथ स्वस्थ संबंध रखते हैं।

स्वाधिष्ठान चक्र के संतुलन को प्रभावित करने वाले कई कारक हो सकते हैं। आघात, विशेष रूप से यौन आघात, इस ऊर्जा केंद्र में रुकावट पैदा कर सकता है, जिससे शर्म, अपराधबोध, और अंतरंगता के भय की भावना उत्पन्न हो सकती है। तनाव और भावनाओं का दमन भी इस चक्र में असंतुलन का कारण बन सकते हैं। शारीरिक समस्याएं, जैसे प्रजनन संबंधित मुद्दे या मूत्र मार्ग संक्रमण, भी स्वाधिष्ठान चक्र को प्रभावित कर सकते हैं। इसके अलावा, रचनात्मक अभिव्यक्ति की कमी या अपनी भावनाओं से अलगाव का अनुभव इस चक्र में असंतुलन पैदा कर सकता है।

जब स्वाधिष्ठान चक्र असंतुलित होता है, तो हम कई प्रकार के शारीरिक और भावनात्मक लक्षणों का अनुभव कर सकते हैं। शारीरिक लक्षणों में मासिक धर्म की समस्याएं, बांझपन, पीठ के निचले हिस्से में दर्द, और मूत्र मार्ग संक्रमण शामिल हो सकते हैं। भावनात्मक लक्षणों में भावनात्मक अस्थिरता, अंतरंगता का भय, कामेच्छा की कमी, और रचनात्मकता की कमी शामिल हो सकती है। हम अपने शरीर से अलगाव और अपने जीवन में आनंद की कमी का अनुभव कर सकते हैं। गंभीर मामलों में, असंतुलित स्वाधिष्ठान चक्र व्यसन या सह-निर्भरता के रूप में प्रकट हो सकता है।

स्वाधिष्ठान चक्र को संतुलित और ठीक करने के कई तरीके हैं। सबसे प्रभावी तरीकों में से एक रचनात्मक गतिविधियों में भाग लेना है। पेंटिंग करना, नृत्य करना, लिखना, या संगीत बजाना हमारी रचनात्मक ऊर्जा को मुक्त करने और हमारी भावनाओं को स्वस्थ तरीके से व्यक्त करने में मदद कर सकते हैं। अपने आप को आनंद का अनुभव करने की अनुमति देना, चाहे वह एक स्वादिष्ट भोजन के माध्यम से हो, एक आरामदायक स्नान, या एक संवेदनशील मालिश, इस ऊर्जा केंद्र को पोषण देने में मदद कर सकता है।

योग का अभ्यास करना या ऐसी अन्य गतिविधियां करना जो कूल्हों और श्रोणि क्षेत्र पर केंद्रित हों, भी सहायक हो सकती हैं, क्योंकि ये क्षेत्र स्वाधिष्ठान चक्र से घनिष्ठ रूप से जुड़े हुए हैं। इसके अतिरिक्त, पानी के पास समय बिताना, जैसे

तैराकी करना, स्नान करना, या बस लहरों की आवाज सुनना, हमें जल तत्व और इस चक्र की ऊर्जा से जोड़ने में मदद कर सकता है।

स्वाधिष्ठान चक्र को ठीक करने का एक और शक्तिशाली उपकरण सकारात्मक पुष्टि (affirmations) का उपयोग है। सकारात्मक पुष्टि, जो रचनात्मकता, आनंद, और संवेदनशीलता पर केंद्रित हो, हमारी ऊर्जा को बदलने और जीवन पर एक अधिक सकारात्मक दृष्टिकोण बनाने में मदद कर सकती है। स्वाधिष्ठान चक्र के लिए कुछ पुष्टि वाक्यांश हैं: "मैं रचनात्मक और भावुक हूँ," "मैं आनंद और समृद्धि के लिए खुला हूँ," "मैं अपनी भावनाओं और शरीर से जुड़ा हुआ हूँ," और "मैं प्रेम और अंतरंगता के योग्य हूँ।"

रचनात्मक गतिविधियों में भाग लेने, योग का अभ्यास करने, और सकारात्मक पुष्टि का उपयोग करने के अलावा, स्वाधिष्ठान चक्र के स्वास्थ्य को समर्थन देने के लिए आप कई अन्य चीजें कर सकते हैं। फलों और सब्जियों से भरपूर स्वस्थ आहार लेना, विशेष रूप से वे जो नारंगी रंग के हों, इस ऊर्जा केंद्र को पोषण देने में मदद कर सकते हैं। नारंगी रंग पहनना या अपने परिवेश में नारंगी रंग को शामिल करना भी फायदेमंद हो सकता है। यलंग-यलंग या ऑरेंज ब्लॉसम जैसे आवश्यक तेलों का उपयोग भी स्वाधिष्ठान चक्र को उत्तेजित और संतुलित करने में मदद कर सकता है।

उन भावनात्मक घावों या आघातों को संबोधित करना भी महत्वपूर्ण है जो इस चक्र में असंतुलन का कारण बन सकते हैं। थेरेपी, परामर्श, या रिकी या ईएफटी (इमोशनल फ्रीडम टेक्नीक) जैसी ऊर्जा चिकित्सा विधाएं, भावनात्मक रुकावटों को छोड़ने और उपचार को बढ़ावा देने में सहायक हो सकती हैं। जब हम अपनी भावनात्मक पीड़ा के मूल कारण को संबोधित करते हैं, तो हम स्वाधिष्ठान चक्र के संतुलन को बहाल करने और एक अधिक संपूर्ण जीवन बनाने की प्रक्रिया शुरू कर सकते हैं।

स्वस्थ संबंध बनाना भी स्वाधिष्ठान चक्र के संतुलन के लिए महत्वपूर्ण है। दोस्तों, परिवार, और रोमांटिक साझेदारों के साथ अपने संबंधों को पोषण देना हमें प्यार, समर्थन, और जुड़ाव का अनुभव करने में मदद कर सकता है। स्वस्थ सीमाएं बनाकर और अपनी आवश्यकताओं को प्रभावी ढंग से संप्रेषित करके, हम ऐसे

संबंध बना सकते हैं जो पूर्ण और परस्पर लाभकारी हों।

अंतरंगता और यौनिकता स्वाधिष्ठान चक्र के स्वास्थ्य में महत्वपूर्ण भूमिका निभाते हैं। अपनी यौनिकता का सुरक्षित और सहमति से अन्वेषण करके, हम अपने शरीर और भावनाओं से गहरे स्तर पर जुड़ सकते हैं। यह हमें अधिक आत्म-जागरूकता, बढ़ा हुआ आत्मविश्वास, और एक अधिक पूर्ण यौन जीवन की ओर ले जा सकता है।

अंततः, स्वाधिष्ठान चक्र को ठीक करना आत्म-स्वीकृति और आत्म-प्रेम की यात्रा है। अपनी भावनाओं, रचनात्मकता, और यौनिकता को अपनाकर, हम एक ऐसा जीवन बना सकते हैं जो समृद्ध, जीवंत और पूर्ण हो। हम अपनी अंतर्ज्ञान पर विश्वास करना और अपने जुनून का पालन करना सीख सकते हैं, जिससे हमें एक ऐसा जीवन जीने का मार्ग मिल सकता है जो हमारे सच्चे उद्देश्य के अनुरूप हो।

जब हम अपने स्वाधिष्ठान चक्र को ठीक और संतुलित करते हैं, तो हम अपने आप को आनंद, जुनून, और समृद्धि की एक गहरी भावना के लिए खोलते हैं। हम अपने आसपास की दुनिया की सुंदरता और आश्चर्य के प्रति अधिक जागरूक हो जाते हैं और अपने आप को प्रामाणिक रूप से व्यक्त करने का साहस रखते हैं। हम अपने शरीर में अधिक सहज महसूस करते हैं और अंतरंगता और जुड़ाव के लिए एक बड़ी क्षमता रखते हैं। इस ऊर्जा केंद्र को पोषण देकर, हम एक ऐसी तरंग प्रभाव पैदा करते हैं जो हमारे जीवन के हर पहलू को सकारात्मक रूप से प्रभावित करता है।

मूलाधार चक्र, एक पेड़ की मजबूत जड़ों की तरह, आपको धरती से जोड़ता है, स्थिरता और सुरक्षा की नींव प्रदान करता है। इसकी आधारभूत ऊर्जा को अपनाएं और देखें कि कैसे आप आत्मविश्वास और लचीलापन के साथ खिल उठते हैं।

3

मणिपुर चक्र: व्यक्तिगत शक्ति और आत्मविश्वास

सौर जालु चक्र, जिसे संस्कृत में मणिपुर चक्र कहा जाता है, व्यक्तिगत शक्ति, आत्म-सम्मान, और आत्मविश्वास का चमकता हुआ केंद्र है। यह ऊपरी पेट में स्थित होता है और हमारे आत्म-मूल्य, पहचान, और इच्छाशक्ति को नियंत्रित करता है। सूर्य की तरह, यह गर्मजोशी, जीवनशक्ति, और ऊर्जा का उत्सर्जन करता है, जो हमारे लक्ष्य, महत्वाकांक्षा, और उद्देश्य को प्रज्वलित करता है। जब यह चक्र संतुलित होता है, तो हम आत्मविश्वासी, दृढ़, और अपने जीवन में क्रियाशील महसूस करते हैं। हालांकि, जब यह असंतुलित होता है, तो हम असुरक्षा, आत्म-संदेह, और प्रेरणा की कमी का अनुभव कर सकते हैं। इस ऊर्जा केंद्र को समझना और पोषण देना एक सशक्त और उद्देश्यपूर्ण जीवन जीने के लिए आवश्यक है।

मणिपुर चक्र का रंग पीला है, इसका तत्व अग्नि है, और यह दृष्टि की भावना से जुड़ा हुआ है। इसकी ऊर्जा जीवंत और परिवर्तनशील होती है, जैसे कि आग की लपटें, जो पुराने पैटर्न और विश्वासों को जलाकर नए विकास के लिए स्थान बनाती हैं। यह व्यक्तिगत शक्ति और परिवर्तन का चक्र है, जो हमारी इच्छाओं को प्रकट करने और उस जीवन को बनाने की हमारी क्षमता के लिए जिम्मेदार है जो हम चाहते हैं। जब यह चक्र संतुलित होता है, तो हम आंतरिक शक्ति, आत्मविश्वास, और दृढ़ संकल्प की भावना महसूस करते हैं। हम स्पष्ट सीमाएँ निर्धारित करने,

जोखिम लेने, और अपने लक्ष्यों को जुनून और उत्साह के साथ पूरा करने में सक्षम होते हैं।

मणिपुर चक्र के संतुलन को प्रभावित करने वाले कई कारक हो सकते हैं। आघात, विशेष रूप से वे अनुभव जिन्होंने हमें शक्तिहीन या नियंत्रण से बाहर महसूस कराया हो, इस ऊर्जा केंद्र में रुकावट पैदा कर सकते हैं। तनाव, चिंता, और नकारात्मक आत्म-चर्चा भी इस चक्र में असंतुलन का कारण बन सकते हैं। पाचन संबंधी समस्याएं या पुरानी थकान जैसी शारीरिक समस्याएं भी मणिपुर चक्र को प्रभावित कर सकती हैं। इसके अलावा, आत्म-अभिव्यक्ति की कमी या एक रट में फंसे होने की भावना इस चक्र में असंतुलन पैदा कर सकती है।

जब मणिपुर चक्र असंतुलित होता है, तो हम शारीरिक और भावनात्मक लक्षणों का अनुभव कर सकते हैं। शारीरिक लक्षणों में पाचन संबंधी समस्याएं, जैसे अपच, कब्ज, या दस्त शामिल हो सकते हैं। हम थकान, वजन बढ़ने या घटने, और एड्रिनल थकान का भी अनुभव कर सकते हैं। भावनात्मक लक्षणों में कम आत्म-सम्मान, आत्मविश्वास की कमी, चिंता, और क्रोध शामिल हो सकते हैं। हम निर्णय लेने में संघर्ष कर सकते हैं, विकल्पों से अभिभूत महसूस कर सकते हैं, या अपनी परिस्थितियों को बदलने में असमर्थ महसूस कर सकते हैं। गंभीर मामलों में, असंतुलित मणिपुर चक्र नियंत्रण संबंधी मुद्दों, आक्रामकता, या व्यसन के रूप में प्रकट हो सकता है।

मणिपुर चक्र को संतुलित और ठीक करने के कई तरीके हैं। सबसे प्रभावी तरीकों में से एक आत्म-सशक्तिकरण को बढ़ावा देने वाली गतिविधियों में भाग लेना है। इसमें लक्ष्य निर्धारित करना और उन्हें प्राप्त करने के लिए क्रियाशील होना, दृढ़ता का अभ्यास करना, या नए कौशल सीखना शामिल हो सकता है। शारीरिक गतिविधियों, जैसे मार्शल आर्ट, नृत्य, या दौड़ना, में भाग लेना भी हमारी ऊर्जा और आत्मविश्वास को बढ़ाने में मदद कर सकता है। इसके अतिरिक्त, धूप में समय बिताना, चाहे वह धूप सेंकना हो, बाहर घूमना हो, या बस धूप में बैठना, हमें अग्नि तत्व और इस चक्र की ऊर्जा से जोड़ने में मदद कर सकता है।

मणिपुर चक्र को ठीक करने के लिए एक और शक्तिशाली उपकरण सकारात्मक पुष्टि (affirmations) का उपयोग है। ऐसी पुष्टि, जो व्यक्तिगत शक्ति, आत्म-

सम्मान, और आत्मविश्वास पर केंद्रित हो, हमारी ऊर्जा को बदलने और जीवन पर एक अधिक सकारात्मक दृष्टिकोण बनाने में मदद कर सकती है। मणिपुर चक्र के लिए कुछ पुष्टि वाक्यांश हैं: "मैं शक्तिशाली और आत्मविश्वासी हूँ," "मैं अपने अंतर्ज्ञान और निर्णय लेने की क्षमता पर भरोसा करता हूँ," "मैं सफलता और समृद्धि के योग्य हूँ," और "मैं अपने जीवन पर नियंत्रण रखता हूँ।"

आत्म-सशक्तिकरण गतिविधियों में भाग लेने और सकारात्मक पुष्टि का उपयोग करने के अलावा, मणिपुर चक्र के स्वास्थ्य को समर्थन देने के लिए आप कई अन्य चीजें कर सकते हैं। संपूर्ण खाद्य पदार्थों से भरपूर स्वस्थ आहार लेना, विशेष रूप से वे जो पीले रंग के हों, इस ऊर्जा केंद्र को पोषण देने में मदद कर सकते हैं। पीला रंग पहनना या अपने परिवेश में पीला रंग शामिल करना भी फायदेमंद हो सकता है। नींबू या रोज़मेरी जैसे आवश्यक तेलों का उपयोग भी मणिपुर चक्र को उत्तेजित और संतुलित करने में मदद कर सकता है।

उन भावनात्मक मुद्दों को संबोधित करना भी महत्वपूर्ण है जो इस चक्र में असंतुलन का कारण बन सकते हैं। थेरेपी, परामर्श, या रिकी या ईएफ़टी जैसी ऊर्जा चिकित्सा विधाएं, भावनात्मक रुकावटों को छोड़ने और उपचार को बढ़ावा देने में सहायक हो सकती हैं। जब हम अपनी भावनात्मक पीड़ा के मूल कारण को संबोधित करते हैं, तो हम मणिपुर चक्र के संतुलन को बहाल करने और एक अधिक सशक्त जीवन बनाने की प्रक्रिया शुरू कर सकते हैं।

माइंडफुलनेस और आत्म-जागरूकता का अभ्यास करना भी मणिपुर चक्र के संतुलन के लिए महत्वपूर्ण है। अपने विचारों, भावनाओं, और शारीरिक संवेदनाओं पर ध्यान देकर, हम अपने आंतरिक कामकाज में मूल्यवान अंतर्दृष्टि प्राप्त कर सकते हैं। यह हमें आत्म-विनाशकारी पैटर्न या नकारात्मक आत्म-चर्चा की पहचान करने और उन्हें दूर करने की रणनीतियाँ विकसित करने में मदद कर सकता है। जर्नलिंग, ध्यान, और शांत चिंतन में समय बिताना माइंडफुलनेस और आत्म-जागरूकता को विकसित करने के लिए सहायक हो सकता है।

स्वस्थ सीमाएँ बनाना मणिपुर चक्र को ठीक करने का एक और आवश्यक पहलू है। ऐसी चीज़ों के लिए ना कहना सीखना, जो हमें लाभ नहीं देतीं, और दूसरों के साथ स्पष्ट सीमाएँ निर्धारित करना, हमारी ऊर्जा की रक्षा करने और हमारी व्यक्तिगत

शक्ति को पुनः प्राप्त करने में मदद कर सकता है। यह शुरुआत में चुनौतीपूर्ण हो सकता है, खासकर यदि हम दूसरों को खुश करने या उनकी आवश्यकताओं को अपने से पहले रखने के आदी हैं। हालांकि, यह हमारे कल्याण और मणिपुर चक्र के स्वास्थ्य के लिए आवश्यक है।

आत्म-अनुशासन और इच्छाशक्ति का निर्माण करना भी इस चक्र को संतुलित करने के लिए महत्वपूर्ण है। इसमें लक्ष्य निर्धारित करना और लगातार उनकी ओर काम करना, आत्म-देखभाल का अभ्यास करना, और स्वस्थ आदतें विकसित करना शामिल हो सकता है। यह हमारी भावनाओं को प्रबंधित करने और हमारी इच्छाओं को नियंत्रित न होने देने का भी अभ्यास कर सकता है। आत्म-अनुशासन और इच्छाशक्ति को विकसित करके, हम एक अधिक सशक्त और पूर्ण जीवन बना सकते हैं।

अंततः, मणिपुर चक्र को ठीक करना आत्म-खोज और आत्म-सशक्तिकरण की यात्रा है। अपनी व्यक्तिगत शक्ति को अपनाकर, हम एक ऐसा जीवन बना सकते हैं जो हमारे मूल्यों, जुनून, और उद्देश्य के अनुरूप हो। हम चुनौतियों को पार कर सकते हैं, अपनी इच्छाओं को प्रकट कर सकते हैं, और एक ऐसा जीवन जी सकते हैं जो वास्तव में पूर्ण हो। जब हम इस ऊर्जा केंद्र को ठीक और संतुलित करते हैं, तो हम आत्मविश्वास, जीवनशक्ति, और गर्मजोशी का उत्सर्जन करते हैं, जो दूसरों को भी ऐसा करने के लिए प्रेरित करता है।

अपना स्वाधिष्ठान चक्र जागृत करें और अपनी रचनात्मक आत्मा को नदी की तरह प्रवाहित होने दें, जो जुनून और आनंद से भरपूर हो। जीवन की लय के साथ नृत्य करें, अपनी संवेदनशीलता को अपनाएं, और अपनी ऊर्जा को इस दुनिया को रोशन करने दें।

4

अनाहत चक्र: प्रेम, करुणा और क्षमा

अनाहत चक्र, जिसे संस्कृत में अनाहत कहा जाता है, प्रेम, करुणा, सहानुभूति और क्षमा का उज्ज्वल केंद्र है। यह छाती के केंद्र में स्थित होता है और निचले और ऊपरी चक्रों के बीच एक सेतु के रूप में कार्य करता है, जो हमारे सांसारिक अनुभवों को हमारी आध्यात्मिक आकांक्षाओं से जोड़ता है। यह एक खिलते हुए फूल की तरह है, जो हमें जीवन की गहन सुंदरता और सभी जीवों के आपसी जुड़ाव का अनुभव कराता है। जब यह चक्र संतुलित होता है, तो हम अपने और दूसरों के प्रति गहरा प्रेम, दुख झेलने वालों के प्रति करुणा, और क्षमा और समझ की क्षमता का अनुभव करते हैं। हालांकि, जब यह असंतुलित होता है, तो हम अलगाव, क्रोध, या भावनात्मक सुन्नता का अनुभव कर सकते हैं। इस ऊर्जा केंद्र को पोषण देना प्रेम, आनंद, और आंतरिक शांति से भरे जीवन को विकसित करने के लिए अत्यावश्यक है।

अनाहत चक्र का रंग हरा है, इसका तत्व वायु है, और यह स्पर्श की भावना से जुड़ा हुआ है। इसकी ऊर्जा विस्तृत और समावेशी है, जो सभी दिशाओं में प्रेम और करुणा का संचार करती है। यह बिना शर्त प्रेम, क्षमा, और स्वीकृति का चक्र है, जो दूसरों के साथ दिल से दिल के संबंध स्थापित करने की हमारी क्षमता के लिए जिम्मेदार है। जब यह चक्र संतुलित होता है, तो हम जीवन के प्रति गहरी कृतज्ञता और सभी जीवित प्राणियों के साथ एक गहरा संबंध महसूस करते हैं। हम बिना शर्त प्रेम दे सकते हैं और प्राप्त कर सकते हैं, और हमारे भीतर शांति और आनंद

की भावना उत्पन्न होती है जो बाहर की ओर भी झलकती है।

अनाहत चक्र के संतुलन को प्रभावित करने वाले कई कारक हो सकते हैं। बीते हुए दुख, निराशाएँ, और विश्वासघात इस ऊर्जा केंद्र में रुकावट पैदा कर सकते हैं, जिससे क्रोध, नाराजगी, और अविश्वास की भावना उत्पन्न हो सकती है। शोक, हानि, और अनसुलझी भावनात्मक पीड़ा भी इस चक्र में असंतुलन का कारण बन सकती है। शारीरिक समस्याएं, जैसे हृदय संबंधी परेशानियां या श्वसन संबंधी समस्याएं, भी अनाहत चक्र को प्रभावित कर सकती हैं। इसके अलावा, आत्म-प्रेम की कमी या अपनी योग्यता के प्रति संदेह इस चक्र में असंतुलन का कारण बन सकता है।

जब अनाहत चक्र असंतुलित होता है, तो हम कई प्रकार के शारीरिक और भावनात्मक लक्षणों का अनुभव कर सकते हैं। शारीरिक लक्षणों में दिल की धड़कन का तेज होना, उच्च रक्तचाप, अस्थमा, और छाती में दर्द शामिल हो सकते हैं। भावनात्मक लक्षणों में अवसाद, चिंता, अकेलापन, और रिश्तों को बनाने या बनाए रखने में कठिनाई शामिल हो सकती है। हम भावनात्मक सुन्नता, दूसरों के प्रति सहानुभूति की कमी, या स्वयं को और दूसरों को क्षमा करने में असमर्थता का अनुभव कर सकते हैं। गंभीर मामलों में, असंतुलित अनाहत चक्र हृदय रोग या अन्य पुरानी बीमारियों के रूप में प्रकट हो सकता है।

सौभाग्य से, अनाहत चक्र को संतुलित और ठीक करने के कई तरीके हैं। सबसे प्रभावी तरीकों में से एक आत्म-प्रेम और आत्म-करुणा का अभ्यास करना है। इसमें अपने लिए समय निकालना, ऐसी गतिविधियों में शामिल होना जो हमें आनंद देती हैं, और आत्म-देखभाल की आदतों का पालन करना शामिल है। इसमें अपने अतीत की गलतियों को क्षमा करना और स्वयं को जैसा हम हैं वैसा स्वीकार करना भी शामिल है। हम अपनी आवश्यकताओं और भावनाओं को पहचानकर और अपने प्रति दयालु और समझदारी भरा व्यवहार अपनाकर शुरू कर सकते हैं। यह यह समझने के बारे में है कि हम प्रेम और देखभाल के योग्य हैं और अपने प्रति उसी करुणा का विस्तार करना है जो हम दूसरों के लिए रखते हैं।

अनाहत चक्र को ठीक करने का एक और शक्तिशाली उपकरण करुणा का अभ्यास करना है। इसमें दूसरों के प्रति दया और समझ का विस्तार करना शामिल हो

सकता है, यहां तक कि उन लोगों के प्रति भी जिन्होंने हमें चोट पहुंचाई है। यह जरूरतमंदों की मदद करने के लिए अपना समय और संसाधन समर्पित करने में भी शामिल हो सकता है। करुणा विकसित करके, हम दूसरों के दुख को समझने और उन्हें अपनाने के लिए अपने दिल खोलते हैं और जीवन के आपसी जुड़ाव को देखना सीखते हैं।

क्षमा अनाहत चक्र को ठीक करने का एक और महत्वपूर्ण पहलू है। क्रोध, नाराजगी, या कड़वाहट को पकड़कर रखना इस ऊर्जा केंद्र में रुकावट पैदा कर सकता है और हमें प्रेम और आनंद का अनुभव करने से रोक सकता है। खुद को और दूसरों को क्षमा करके, हम इन नकारात्मक भावनाओं को छोड़ते हैं और उपचार और विकास के लिए स्थान बनाते हैं।

कृतज्ञता का अभ्यास अनाहत चक्र को पोषण देने का एक और शक्तिशाली तरीका है। हमारे जीवन के सकारात्मक पहलुओं पर ध्यान केंद्रित करके और हमें मिले आशीर्वादों के लिए कृतज्ञता व्यक्त करके, हम समृद्धि और आनंद की भावना विकसित करते हैं।

आखिरकार, अनाहत चक्र को ठीक करना प्रेम और करुणा की यात्रा है। अपने प्रति और दूसरों के प्रति बिना शर्त प्रेम करना सीखकर, और सभी प्राणियों के लिए करुणा विकसित करके, हम अनंत प्रेम के लिए अपने दिल खोलते हैं।

5

विशुद्ध चक्र: प्रामाणिक अभिव्यक्ति और संवाद

विशुद्ध चक्र, जिसे संस्कृत में विशुद्ध कहा जाता है, संवाद, आत्म-अभिव्यक्ति, और सत्य का जीवंत केंद्र है। गले में स्थित यह चक्र हमारी सत्य बोलने, अपनी रचनात्मकता व्यक्त करने, और दूसरों से प्रामाणिक रूप से जुड़ने की क्षमता को नियंत्रित करता है। यह एक स्पष्ट मार्ग की तरह है, जो हमारी आंतरिक आवाज को दुनिया में स्वतंत्र रूप से प्रवाहित करने की अनुमति देता है, समझ, जुड़ाव, और सामंजस्यपूर्ण संबंधों को बढ़ावा देता है। जब यह चक्र संतुलित होता है, तो हम स्पष्टता, आत्मविश्वास, और ईमानदारी के साथ संवाद करते हैं। हम अपने विचारों और भावनाओं को खुले और ईमानदार तरीके से व्यक्त कर पाते हैं और दूसरों की बातों को गहराई से सुनते हैं। हालांकि, जब यह असंतुलित होता है, तो हमें संवाद में कठिनाई, अपनी बात कहने का डर, या अपनी वास्तविकता को दबाने की प्रवृत्ति का सामना करना पड़ सकता है। इस ऊर्जा केंद्र का पोषण करना प्रामाणिक संवाद, मजबूत संबंधों को बनाने, और ईमानदारी से जीवन जीने के लिए आवश्यक है।

विशुद्ध चक्र का रंग नीला है, इसका तत्व आकाश या अंतरिक्ष है, और यह सुनने की भावना से जुड़ा है। इसकी ऊर्जा विशाल और आकाशीय है, जैसे आकाश की अनंतता, जो हमारी आवाज़ों को गूंजने और सुने जाने की अनुमति देती है। यह संवाद, अभिव्यक्ति, और सत्य का चक्र है, जो हमारे विचारों को व्यक्त करने, अपने विचार साझा करने, और दूसरों से गहरे स्तर पर जुड़ने की क्षमता के लिए

जिम्मेदार है। जब यह चक्र संतुलित होता है, तो हम स्पष्टता, आत्मविश्वास, और करुणा के साथ संवाद करते हैं। हम बिना डर या झिझक के अपनी सच्चाई बोल सकते हैं और सहानुभूति और समझ के साथ दूसरों की बात सुन सकते हैं।

विशुद्ध चक्र के संतुलन को प्रभावित करने वाले कई कारक हो सकते हैं। बीते हुए अनुभव, जिनमें हमें चुप कराया गया हो, आलोचना की गई हो, या उपहास का सामना करना पड़ा हो, इस ऊर्जा केंद्र में रुकावट पैदा कर सकते हैं, जिससे अपनी बात कहने का डर या अपनी सच्चाई को दबाने की प्रवृति उत्पन्न हो सकती है। निर्णय, अस्वीकृति, या टकराव का डर भी इस चक्र में असंतुलन का कारण बन सकता है। गले में खराश, स्वर बैठना, या थायराइड समस्याओं जैसी शारीरिक परेशानियां भी विशुद्ध चक्र को प्रभावित कर सकती हैं। इसके अलावा, आत्म-अभिव्यक्ति की कमी या सुने न जाने की भावना इस चक्र में असंतुलन पैदा कर सकती है।

जब विशुद्ध चक्र असंतुलित होता है, तो हम कई प्रकार के शारीरिक और भावनात्मक लक्षणों का अनुभव कर सकते हैं। शारीरिक लक्षणों में गले में खराश, स्वर बैठना, थायराइड की समस्याएं, और गर्दन या कंधों में दर्द शामिल हो सकते हैं। भावनात्मक लक्षणों में अपने विचारों और भावनाओं को व्यक्त करने में कठिनाई, सार्वजनिक रूप से बोलने का डर, सामाजिक चिंता, और गपशप करने या नकारात्मक आत्म-चर्चा करने की प्रवृति शामिल हो सकती है। हम दूसरों की बात सुनने में संघर्ष कर सकते हैं, बातचीत में हस्तक्षेप कर सकते हैं, या वार्तालाप पर हावी हो सकते हैं। गंभीर मामलों में, असंतुलित विशुद्ध चक्र झूठ बोलने, मौखिक दुर्व्यवहार, या खाने के विकारों के रूप में प्रकट हो सकता है।

विशुद्ध चक्र को संतुलित और ठीक करने के कई तरीके हैं। सबसे प्रभावी तरीकों में से एक अपनी सच्चाई बोलने का अभ्यास करना है। इसमें अपने विचारों और भावनाओं को खुले और ईमानदार तरीके से व्यक्त करना शामिल हो सकता है, भले ही यह असहज या डरावना लगे। इसमें दूसरों के साथ सीमाएं तय करना और आवश्यकता पड़ने पर अपने लिए बोलना भी शामिल है। हम शुरू में सुरक्षित और सहायक वातावरण, जैसे करीबी दोस्तों या परिवार के सदस्यों के साथ अभ्यास करके अपनी सच्चाई बोलने का आत्मविश्वास बना सकते हैं और धीरे-धीरे इसे अपने जीवन के अन्य क्षेत्रों में विस्तारित कर सकते हैं।

विशुद्ध चक्र को ठीक करने का एक और शक्तिशाली उपकरण सक्रिय सुनने का अभ्यास है। इसका अर्थ है वास्तव में सुनना कि दूसरों को क्या कहना है, बिना हस्तक्षेप या निर्णय के। इसमें शारीरिक भाषा और स्वर जैसे गैर-मौखिक संकेतों पर ध्यान देना भी शामिल है।

इसके अलावा, कई अन्य चीजें हैं जो आप अपने विशुद्ध चक्र के स्वास्थ्य का समर्थन करने के लिए कर सकते हैं। खुली जगहों में समय बिताना, जहां आप स्वतंत्र रूप से अपनी आवाज व्यक्त कर सकते हैं, आपको इस चक्र की ऊर्जा से जोड़ने में मदद कर सकता है। नीला रंग पहनना या अपने परिवेश में नीला रंग शामिल करना भी लाभकारी हो सकता है।

अंततः, विशुद्ध चक्र को ठीक करना आत्म-अभिव्यक्ति और ईमानदारी की यात्रा है। अपनी सच्चाई बोलना सीखकर, हम दूसरों से गहरे स्तर पर जुड़ सकते हैं और एक ऐसा जीवन बना सकते हैं जो हमारे उद्देश्य के अनुरूप हो।

6

विशुद्ध चक्र: प्रामाणिक अभिव्यक्ति और संवाद

आज्ञा चक्र, जिसे संस्कृत में आज्ञा कहा जाता है, अंतर्ज्ञान, अंतर्दृष्टि, और आंतरिक ज्ञान का रहस्यमय केंद्र है। भौंहों के बीच स्थित यह चक्र हमारी धारणा, कल्पना, और भौतिक संसार से परे देखने की क्षमता को नियंत्रित करता है। एक उज्ज्वल नेत्र की तरह, यह हमारे मार्ग को प्रकाशित करता है, छुपे हुए सत्य को उजागर करता है, और हमें हमारी सर्वोच्च संभावनाओं की ओर निर्देशित करता है। जब यह चक्र संतुलित होता है, तो हम बढ़ा हुआ अंतर्ज्ञान, स्पष्ट अंतर्दृष्टि, और अपने आंतरिक ज्ञान से गहरा जुड़ाव अनुभव करते हैं। हम भ्रम से परे देख पाते हैं, अपने आंतरिक मार्गदर्शन तक पहुंच पाते हैं, और ऐसे निर्णय लेते हैं जो हमारे उच्चतम भले के अनुरूप होते हैं। हालांकि, जब यह असंतुलित होता है, तो हम भ्रम, स्पष्टता की कमी, या अत्यधिक कल्पना जैसी समस्याओं का सामना कर सकते हैं। इस ऊर्जा केंद्र का पोषण करना स्पष्ट मस्तिष्क, अंतर्ज्ञान तक पहुंचने, और अपनी आध्यात्मिक सार से जुड़ने के लिए अत्यावश्यक है।

आज्ञा चक्र का रंग गहरा नीला (इंडिगो) है, इसका तत्व प्रकाश है, और यह विचारों की भावना से जुड़ा हुआ है। इसकी ऊर्जा अंतर्ज्ञान और दृष्टि से भरी हुई है, जो हमारे आंतरिक परिदृश्य को प्रकाशित करती है और सभी चीजों के आपसी संबंधों को प्रकट करती है। यह अंतर्ज्ञान, अंतर्दृष्टि, और ज्ञान का चक्र है, जो सतह के परे देखने और जीवन के गहरे अर्थ को समझने की हमारी क्षमता के लिए जिम्मेदार है। जब यह चक्र संतुलित होता है, तो हम स्पष्टता, ध्यान, और समझ की भावना

का अनुभव करते हैं। हम अपने अंतर्ज्ञान पर भरोसा करते हैं और अपने उच्च उद्देश्य के अनुरूप निर्णय लेते हैं।

आज्ञा चक्र के संतुलन को प्रभावित करने वाले कई कारक हो सकते हैं। अधिक सोचना, तनाव, और जानकारी के अत्यधिक भार से हमारी दृष्टि धुंधली हो सकती है और इस ऊर्जा केंद्र में रुकावट आ सकती है। अपने आंतरिक संसार से जुड़ाव की कमी, बाहरी स्वीकृति पर निर्भरता, और अपने अंतर्ज्ञान से अलगाव भी इस चक्र में असंतुलन का कारण बन सकते हैं। सिरदर्द, माइग्रेन, या दृष्टि समस्याओं जैसी शारीरिक परेशानियां भी आज्ञा चक्र को प्रभावित कर सकती हैं। इसके अलावा, अपने अंतर्ज्ञान पर विश्वास की कमी या अज्ञात का डर इस चक्र में असंतुलन ला सकता है।

जब आज्ञा चक्र असंतुलित होता है, तो हम कई प्रकार के शारीरिक और भावनात्मक लक्षणों का अनुभव कर सकते हैं। शारीरिक लक्षणों में सिरदर्द, माइग्रेन, साइनस की समस्याएं, और दृष्टि समस्याएं शामिल हो सकती हैं। भावनात्मक लक्षणों में भ्रम, स्पष्टता की कमी, ध्यान केंद्रित करने में कठिनाई, और अत्यधिक कल्पना शामिल हो सकते हैं। हम अपने अंतर्ज्ञान से अलगाव, अपने आंतरिक मार्गदर्शन पर भरोसे की कमी, और विवरणों का अत्यधिक विश्लेषण या चिंता करने की प्रवृत्ति का अनुभव कर सकते हैं। गंभीर मामलों में, असंतुलित आज्ञा चक्र भ्रम, भ्रांतियां, या संदेह के रूप में प्रकट हो सकता है।

आज्ञा चक्र को संतुलित और ठीक करने के कई तरीके हैं। सबसे प्रभावी तरीकों में से एक ध्यान और जागरूकता का अभ्यास करना है। मस्तिष्क को शांत करके और अपना ध्यान भीतर केंद्रित करके, हम अपने अंतर्ज्ञान तक पहुंच सकते हैं और अपने आंतरिक ज्ञान से जुड़ सकते हैं। ध्यान हमें आंतरिक शांति, स्पष्टता, और ध्यान की भावना विकसित करने में मदद करता है, जो हमें भ्रम से परे देखने और समझदारी से निर्णय लेने की क्षमता को बढ़ाता है। नियमित ध्यान अभ्यास हमारे उच्च आत्म और आध्यात्मिक सार से हमारे संबंध को मजबूत कर सकता है।

दृश्यकरण (विजुअलाइज़ेशन) का उपयोग आज्ञा चक्र को ठीक करने का एक और शक्तिशाली उपकरण है। अपने लक्ष्यों और इच्छाओं की जीवंत मानसिक छवियां बनाकर, हम अपनी कल्पना की शक्ति को सक्रिय कर सकते हैं और अपने सपनों

को वास्तविकता में बदल सकते हैं।

इन अभ्यासों के अलावा, प्रकृति में समय बिताना, विशेष रूप से शांत और शांतिपूर्ण स्थानों में, हमारे मन को स्पष्ट करने और हमारे अंतर्ज्ञान से जुड़ने में मदद कर सकता है। गहरे नीले रंग के कपड़े पहनना या अपने परिवेश में यह रंग शामिल करना भी लाभकारी हो सकता है।

आज्ञा चक्र को ठीक करना आत्म-खोज और आध्यात्मिक जागृति की यात्रा है। अंतर्ज्ञान, अंतर्दृष्टि, और ज्ञान को विकसित करके, हम अपने आंतरिक मार्गदर्शन तक पहुंच सकते हैं और एक ऐसा जीवन जी सकते हैं जो हमारे उच्च उद्देश्य के अनुरूप हो।

7

सहस्रार चक्र: आध्यात्मिक जुड़ाव और ज्ञान

सहस्रार चक्र, जिसे संस्कृत में सहस्रार कहा जाता है, हमारी ऊर्जा प्रणाली का अलौकिक शिखर है, जो आध्यात्मिक जुड़ाव, ज्ञान, और पारलौकिकता का द्वार है। यह सिर के शीर्ष पर स्थित है और हमारे उच्चतम सामर्थ्य, दिव्य से हमारे संबंध, और समस्त अस्तित्व के साथ एकता अनुभव करने की हमारी क्षमता का प्रतीक है। यह एक उज्ज्वल कमल के फूल की तरह है, जो चेतना की विशालता और भौतिक संसार की सीमाओं से परे अनंत संभावनाओं को प्रकट करता है। जब यह चक्र संतुलित होता है, तो हम एक गहन एकता, आध्यात्मिक जागरण, और दिव्यता से गहरा संबंध अनुभव करते हैं। हालांकि, जब यह असंतुलित होता है, तो हम अलगाव, खोए हुए, या आध्यात्मिक रूप से भटके हुए महसूस कर सकते हैं। इस ऊर्जा केंद्र का पोषण करना आध्यात्मिक विकास, आत्म-बोध, और ज्ञान प्राप्ति के लिए आवश्यक है।

सहस्रार चक्र का रंग बैंगनी या सफेद है, इसका तत्व विचार है, और इसे अक्सर हजार-पंखुड़ियों वाले कमल के रूप में चित्रित किया जाता है। इसकी ऊर्जा शुद्ध चेतना है, जो व्यक्तिगत आत्म की सीमाओं को पार कर हमें समस्त सृष्टि के सार्वभौमिक स्रोत से जोड़ती है। यह ज्ञान, आध्यात्मिक जुड़ाव, और दिव्य बुद्धि का चक्र है, जो ब्रह्मांड के साथ एकता अनुभव करने और हमारे उच्चतम सामर्थ्य

तक पहुँचने की क्षमता के लिए जिम्मेदार है। जब यह चक्र संतुलित होता है, तो हम शांति, आनंद, और कृतज्ञता की भावना अनुभव करते हैं। हम लगावों को छोड़ने, वर्तमान क्षण को अपनाने, और अपने उच्च उद्देश्य के अनुरूप जीवन जीने में सक्षम होते हैं।

सहस्रार चक्र के संतुलन को प्रभावित करने वाले कई कारक हो सकते हैं। आध्यात्मिक अभ्यास की कमी, अपने आंतरिक संसार से अलगाव, और भौतिक संपत्तियों या बाहरी स्वीकृति पर ध्यान केंद्रित करना इस चक्र में असंतुलन का कारण बन सकते हैं। इसके अतिरिक्त, आघात, तनाव, और आध्यात्मिकता के प्रति नकारात्मक विश्वास भी इस ऊर्जा केंद्र में अवरोध उत्पन्न कर सकते हैं। शारीरिक बीमारियां, जैसे तंत्रिका संबंधी विकार या पुराना दर्द, भी सहस्रार चक्र को प्रभावित कर सकते हैं। इसके अलावा, जीवन में विश्वास या उद्देश्य की भावना की कमी भी इस चक्र में असंतुलन का कारण बन सकती है।

जब सहस्रार चक्र असंतुलित होता है, तो हम शारीरिक और भावनात्मक लक्षणों का अनुभव कर सकते हैं। शारीरिक लक्षणों में सिरदर्द, माइग्रेन, तंत्रिका समस्याएं, और पुरानी थकान शामिल हो सकती हैं। भावनात्मक लक्षणों में अवसाद, चिंता, अलगाव की भावना, और जीवन में उद्देश्य की कमी शामिल हो सकती है। हम अपने आध्यात्मिक सार से अलगाव, विश्वास की कमी, और खोए हुए या भटके हुए महसूस करने की प्रवृत्ति का अनुभव कर सकते हैं। गंभीर मामलों में, असंतुलित सहस्रार चक्र मनोविकृति या आध्यात्मिक संकट के रूप में प्रकट हो सकता है।

सहस्रार चक्र को संतुलित और ठीक करने के कई तरीके हैं। सबसे प्रभावी तरीकों में से एक नियमित रूप से आध्यात्मिक अभ्यास में संलग्न होना है, जैसे ध्यान, प्रार्थना, या चिंतन। ये अभ्यास मस्तिष्क को शांत करने, आंतरिक ज्ञान से जुड़ने, और हमारे भीतर और हमारे चारों ओर दिव्य उपस्थिति को अपनाने में मदद कर सकते हैं।

आभार और प्रशंसा का अभ्यास सहस्रार चक्र को ठीक करने का एक और शक्तिशाली उपकरण है। अपने जीवन के सकारात्मक पहलुओं पर ध्यान केंद्रित करके और हमें मिले आशीर्वादों के लिए आभार व्यक्त करके, हम समृद्धि और आनंद की भावना विकसित करते हैं।

इसके अलावा, प्रकृति में समय बिताना, विशेष रूप से शांत और शांतिपूर्ण वातावरण में, हमें वर्तमान क्षण में स्थापित करने और ब्रह्मांड की विशालता के लिए खोलने में मदद कर सकता है। बैंगनी या सफेद रंग पहनना या अपने परिवेश में इन रंगों को शामिल करना भी सहायक हो सकता है।

अंततः, सहस्रार चक्र को ठीक करना आत्म-बोध और आध्यात्मिक जागरण की यात्रा है। अपने आंतरिक ज्ञान, उच्च उद्देश्य, और दिव्यता से गहरे जुड़ाव को विकसित करके, हम एक गहन एकता, आनंद, और आंतरिक शांति का अनुभव कर सकते हैं। जैसे-जैसे हम इस ऊर्जा केंद्र को संतुलित करते हैं, हम अधिक करुणामय, बुद्धिमान, और आध्यात्मिक रूप से सशक्त बनते हैं।

8

चक्र संतुलन: सामंजस्य और संतुलन की खोज

हमारे अस्तित्व के जटिल ताने-बाने में, चक्र हमारे ऊर्जा केंद्रों के रूप में कार्य करते हैं, जिनमें से प्रत्येक की अपनी अनोखी आवृत्ति और कार्य होता है। एक सिम्फनी ऑर्केस्ट्रा की तरह, ये चक्र सामंजस्य में काम करते हैं, एक संतुलित और जीवंत जीवन अनुभव बनाने के लिए। जब कोई एक चक्र असंतुलित होता है, तो यह पूरी सिम्फनी को बाधित कर सकता है, जिससे हमारे शारीरिक, भावनात्मक, और आध्यात्मिक स्वास्थ्य में असामंजस्य और असंतुलन पैदा हो सकता है। चक्रों का संतुलन इस जटिल ऊर्जा प्रणाली में सामंजस्य और संतुलन को बहाल करने की प्रक्रिया है, जो पूर्णता, जीवनशक्ति और आंतरिक शांति की भावना को बढ़ावा देता है।

प्रत्येक चक्र हमारे अस्तित्व के विशिष्ट पहलुओं से संबंधित है, जिसमें शारीरिक, भावनात्मक, मानसिक, और आध्यात्मिक आयाम शामिल हैं। मूलाधार चक्र सुरक्षा, स्थिरता, और जीवन के लिए हमारी प्रवृत्तियों को नियंत्रित करता है। स्वाधिष्ठान चक्र हमारी रचनात्मकता, जुनून, और संवेदनशीलता से संबंधित है। मणिपुर चक्र हमारी व्यक्तिगत शक्ति, आत्म-सम्मान, और इच्छाशक्ति का प्रतिनिधित्व करता है। अनाहत चक्र प्रेम, करुणा, और क्षमा का केंद्र है। विशुद्ध चक्र संवाद, आत्म-अभिव्यक्ति, और सत्य को नियंत्रित करता है। आज्ञा चक्र अंतर्ज्ञान, अंतर्दृष्टि, और आंतरिक ज्ञान से जुड़ा है। अंत में, सहस्रार चक्र दिव्य से हमारे संबंध, आध्यात्मिक जागरण, और पारलौकिकता का प्रतीक है।

जब हमारे चक्र संतुलित होते हैं, तो ऊर्जा हमारी प्रणाली में स्वतंत्र रूप से प्रवाहित होती है, जिससे हमें इष्टतम स्वास्थ्य, भलाई, और आध्यात्मिक विकास का अनुभव होता है। हम स्थिर, सुरक्षित और अपने शरीर से जुड़े हुए महसूस करते हैं। हमारी भावनाएं संतुलित होती हैं, और हम प्रामाणिक रूप से खुद को व्यक्त करने में सक्षम होते हैं। हमारे भीतर आत्म-सम्मान, आत्मविश्वास, और उद्देश्य की मजबूत भावना होती है। हमारे दिल प्रेम, करुणा, और क्षमा के लिए खुले होते हैं। हम स्पष्टता, सत्य, और ईमानदारी के साथ संवाद करते हैं। हमारा अंतर्ज्ञान तीव्र होता है, और हम अपने आंतरिक ज्ञान तक पहुंच पाते हैं। हम दिव्यता से जुड़े हुए महसूस करते हैं और सृष्टि के साथ एकता की भावना का अनुभव करते हैं।

हालांकि, जब हमारे चक्र असंतुलित होते हैं, तो हम शारीरिक, भावनात्मक, और आध्यात्मिक लक्षणों की एक श्रृंखला का अनुभव कर सकते हैं। ये लक्षण थकान, दर्द, चिंता, अवसाद, कम आत्म-सम्मान, संवाद में कठिनाई, या आध्यात्मिक अलगाव के रूप में प्रकट हो सकते हैं। यह याद रखना महत्वपूर्ण है कि असंतुलन जीवन का एक स्वाभाविक हिस्सा है, और यह हमारे विकास और परिवर्तन के लिए अवसर प्रदान करता है। असंतुलन के मूल कारण की पहचान करके और उसे संबोधित करके, हम अपने चक्रों में सामंजस्य और संतुलन बहाल कर सकते हैं और एक अधिक पूर्ण जीवन अनुभव बना सकते हैं।

चक्रों को संतुलित करने के कई तरीके हैं, जिनमें से प्रत्येक अनोखे लाभ और अंतर्दृष्टि प्रदान करता है। योग का अभ्यास सबसे प्रभावी दृष्टिकोणों में से एक है। विशिष्ट योग मुद्राओं का उपयोग प्रत्येक चक्र को सक्रिय करने और संतुलित करने के लिए किया जा सकता है, ऊर्जा के प्रवाह को बढ़ावा देने और प्रणाली में सामंजस्य बहाल करने के लिए। उदाहरण के लिए, पर्वत मुद्रा या वीरभद्रासन जैसे स्थिर मुद्राएं मूलाधार चक्र को संतुलित करने में मदद कर सकती हैं, जबकि कपोतासन या त्रिकोणासन जैसी कूल्हे खोलने वाली मुद्राएं स्वाधिष्ठान चक्र को उत्तेजित कर सकती हैं।

ध्यान चक्रों को संतुलित करने के लिए एक और शक्तिशाली उपकरण है। प्रत्येक चक्र पर ध्यान केंद्रित करके, उसके रंग और ऊर्जा की कल्पना करके, और पुष्टि या मंत्रों को दोहराकर, हम इन ऊर्जा केंद्रों को सक्रिय और सामंजस्यपूर्ण बना सकते

हैं।

ध्वनि चिकित्सा भी चक्रों को संतुलित करने का एक प्रभावी तरीका है। प्रत्येक चक्र एक विशिष्ट आवृत्ति के साथ प्रतिध्वनित होता है, और गायन कटोरे, ट्यूनिंग फोर्क, या मंत्रों का उपयोग करके, हम इन ऊर्जा केंद्रों में सामंजस्य और संतुलन बहाल कर सकते हैं। ध्वनि के कंपन अवरोधों को छोड़ने, स्थिर ऊर्जा को साफ करने, और गहरे स्तर पर उपचार को बढ़ावा देने में मदद कर सकते हैं।

इन अभ्यासों के अलावा, अन्य तरीकों से भी चक्रों को संतुलित किया जा सकता है। रिकी, प्राणिक चिकित्सा, या क्रिस्टल चिकित्सा जैसी ऊर्जा उपचार विधियां अवरोधों को हटाने और ऊर्जा के प्रवाह को बहाल करने में सहायक हो सकती हैं।

चक्र संतुलन एक बार की घटना नहीं है, बल्कि आत्म-खोज और आत्म-देखभाल की एक सतत यात्रा है। यह आत्म-जागरूकता के प्रति प्रतिबद्धता, हमारे आंतरिक परिदृश्य का पता लगाने की इच्छा, और उपचार और संतुलन को बढ़ावा देने वाली प्रथाओं के प्रति समर्पण की मांग करता है।

अंततः, चक्र संतुलन समग्र कल्याण का एक आवश्यक पहलू है। यह आत्म-खोज, आत्म-देखभाल, और आध्यात्मिक विकास की यात्रा है। प्रत्येक चक्र के अद्वितीय गुणों और कार्यों को समझकर, और संतुलन और सामंजस्य को बढ़ावा देने वाले अभ्यासों में शामिल होकर, हम एक ऐसा जीवन बना सकते हैं जो जीवंत, आनंदमय, और हमारे उच्चतम सामर्थ्य के अनुरूप हो।

9

चक्र ध्यान: ऊर्जा केंद्रों को जागृत करना

चक्र ध्यान एक गहन और परिवर्तनकारी अभ्यास है, जिसे सदियों से हमारे अस्तित्व के भीतर ऊर्जा केंद्रों को जागृत और संतुलित करने के लिए उपयोग किया जाता रहा है। प्राचीन पूर्वी परंपराओं में निहित इस ध्यान विधि में प्रत्येक चक्र पर ध्यान केंद्रित करना, उसके संबंधित रंग और ऊर्जा की कल्पना करना, और इन शक्तिशाली ऊर्जा केंद्रों को सक्रिय और सामंजस्यपूर्ण बनाने के लिए विशिष्ट तकनीकों का उपयोग करना शामिल है। नियमित चक्र ध्यान में संलग्न होकर, हम अपने आप को गहराई से समझ सकते हैं, रुकावटों और असंतुलनों को दूर कर सकते हैं, और अपने शारीरिक, भावनात्मक, और आध्यात्मिक कल्याण को बढ़ा सकते हैं।

चक्र ध्यान इस समझ पर आधारित है कि हम केवल भौतिक प्राणी नहीं हैं, बल्कि ऊर्जा के भी प्राणी हैं। हमारे शरीर सात मुख्य चक्रों से बने होते हैं, जिनमें से प्रत्येक एक विशेष शारीरिक क्षेत्र और हमारे अस्तित्व के एक विशिष्ट पहलू से संबंधित है। ये चक्र ऊर्जा के घूमते हुए पहियों की तरह हैं, और जब वे इष्टतम रूप से कार्य कर रहे होते हैं, तो वे हमारी प्रणाली में ऊर्जा के सामंजस्यपूर्ण प्रवाह का निर्माण करते हैं। हालांकि, जब हमारे चक्र अवरुद्ध या असंतुलित हो जाते हैं, तो हम शारीरिक, भावनात्मक, या आध्यात्मिक असामंजस्य का अनुभव कर सकते हैं।

चक्र ध्यान इन ऊर्जा केंद्रों में सामंजस्य और संतुलन बहाल करने का एक

शक्तिशाली तरीका प्रदान करता है। प्रत्येक चक्र पर ध्यान केंद्रित करके, हम उन रुकावटों या असंतुलनों के प्रति जागरूक हो सकते हैं जो मौजूद हो सकते हैं। इसके बाद, हम इन अवरोधों को साफ करने और ऊर्जा के प्राकृतिक प्रवाह को बहाल करने के लिए कल्पना, पुष्टि, या मंत्र दोहराने जैसी विशिष्ट तकनीकों का उपयोग कर सकते हैं। जैसे-जैसे हम प्रत्येक चक्र के साथ काम करते हैं, हम अपने आप को और अपनी अनूठी ऊर्जा संरचना को गहराई से समझने लगते हैं।

चक्र ध्यान शुरू करने के लिए, एक शांत और आरामदायक स्थान खोजें, जहां आपको कोई बाधा न हो। आप कुर्सी पर अपने पैरों को जमीन पर रखकर बैठ सकते हैं, या गद्दे या चटाई पर क्रॉस-लेग्ड बैठ सकते हैं। अपनी आँखें बंद करें और अपने शरीर और मन को आराम देने के लिए कुछ गहरी साँसें लें। जैसे ही आप साँस लेते हैं, अपना ध्यान अपनी रीढ़ की जड़ पर लाएं, जहां मूलाधार चक्र स्थित है। एक लाल घूमते हुए ऊर्जा पहिये की कल्पना करें और पुष्टि करें, "मैं स्थिर और सुरक्षित हूँ।"

इसके बाद, अपना ध्यान स्वाधिष्ठान चक्र पर ले जाएं, जो नाभि के ठीक नीचे स्थित है। एक नारंगी घूमते हुए ऊर्जा पहिये की कल्पना करें और पुष्टि करें, "मैं रचनात्मक और उत्साही हूँ।" इसी तरह, प्रत्येक चक्र पर ध्यान केंद्रित करते हुए, उसके संबंधित रंग और ऊर्जा की कल्पना करें और एक पुष्टि दोहराएं जो आपको प्रेरित करे।

जब आप सहस्रार चक्र तक पहुँचें, जो सिर के शीर्ष पर स्थित है, तो एक बैंगनी या सफेद घूमते हुए ऊर्जा पहिये की कल्पना करें और पुष्टि करें, "मैं दिव्यता से जुड़ा हुआ हूँ।" इस शांति और सौम्यता की भावना में कुछ क्षण बिताएं, जो आपके उच्च स्व से जुड़ने के साथ आती है।

चक्र ध्यान का अभ्यास करते समय, आप उन क्षेत्रों में गर्मी, झनझनाहट, या धड़कन जैसी संवेदनाओं को महसूस कर सकते हैं, जहां चक्र स्थित हैं। आप भावनाओं, यादों, या अंतर्दृष्टियों का भी अनुभव कर सकते हैं, जो प्रत्येक चक्र के साथ काम करते समय उत्पन्न होती हैं।

चक्र ध्यान के कई अलग-अलग प्रकार हैं, जिनमें से प्रत्येक का अपना अनोखा

दृष्टिकोण और लाभ होता है। कुछ ध्यान विशिष्ट चक्रों पर केंद्रित हो सकते हैं, जबकि अन्य सभी सात चक्रों के माध्यम से एक मार्गदर्शित यात्रा शामिल कर सकते हैं।

यह आवश्यक है कि आप एक ऐसा अभ्यास चुनें जो आपके साथ मेल खाता हो और जिसे आप नियमित रूप से कर सकें। यहां तक कि प्रतिदिन कुछ मिनट का चक्र ध्यान भी आपके कल्याण पर गहरा प्रभाव डाल सकता है। जैसे-जैसे आप अभ्यास करते रहेंगे, आप अपने जीवन में अधिक संतुलन, सामंजस्य, और शांति का अनुभव करेंगे।

चक्र ध्यान उपचार और परिवर्तन के लिए भी एक शक्तिशाली उपकरण हो सकता है। ऊर्जा केंद्रों में रुकावटों और असंतुलनों के प्रति जागरूकता लाकर, हम उन पुराने पैटर्न और विश्वासों को छोड़ना शुरू कर सकते हैं, जो अब हमारी सेवा नहीं करते।

उदाहरण के लिए, यदि आप कम आत्म-सम्मान या आत्मविश्वास की कमी से जूझ रहे हैं, तो आप अपने ध्यान के दौरान मणिपुर चक्र पर ध्यान केंद्रित कर सकते हैं।

चक्र ध्यान आत्म-खोज और आत्म-उपचार की यात्रा है। यह एक ऐसा अभ्यास है जो हमें अपने अस्तित्व की गहराई का अन्वेषण करने, अपने आंतरिक ज्ञान से जुड़ने, और संतुलन, सामंजस्य, और आध्यात्मिक विकास का जीवन विकसित करने के लिए आमंत्रित करता है।

10

चक्र योग: शारीरिक और ऊर्जात्मक संतुलन

चक्र योग योग का एक विशेष रूप है, जो शरीर के सात मुख्य ऊर्जा केंद्रों, जिन्हें चक्र कहा जाता है, को संतुलित और संरेखित करने पर केंद्रित है। यह अभ्यास शारीरिक मुद्राओं (आसनों), श्वास तकनीकों (प्राणायाम), और ध्यान विधियों को मिलाकर ऊर्जा के प्रवाह को शरीर में सामंजस्यपूर्ण बनाता है, जिससे शारीरिक, भावनात्मक, और आध्यात्मिक कल्याण को बढ़ावा मिलता है। प्राचीन योग परंपराओं में निहित, चक्र योग स्वास्थ्य और कल्याण के प्रति एक समग्र दृष्टिकोण प्रदान करता है, जो न केवल शारीरिक शरीर बल्कि सूक्ष्म ऊर्जा शरीर और मन को भी संबोधित करता है।

चक्र योग में प्रत्येक चक्र विशिष्ट शारीरिक और भावनात्मक गुणों से जुड़ा होता है, साथ ही इसके लिए उपयुक्त आसन और प्राणायाम तकनीकें भी होती हैं। जिन आसनों का अभ्यास विशिष्ट चक्रों को लक्षित करता है, वे इन ऊर्जा केंद्रों को सक्रिय और संतुलित कर सकते हैं, ऊर्जा के मुक्त प्रवाह को बढ़ावा देते हैं और हमारे समग्र कल्याण को बढ़ाते हैं। उदाहरण के लिए, ताड़ासन (Mountain Pose) या वीरभद्रासन II (Warrior II) जैसी स्थिर मुद्राएं मूलाधार चक्र को संतुलित करने में मदद कर सकती हैं, जो स्थिरता, सुरक्षा, और जड़ता से संबंधित है। एकपाद राजकपोतासन (Pigeon Pose) या त्रिकोणासन (Triangle Pose) जैसी कूल्हे खोलने वाली मुद्राएं स्वाधिष्ठान चक्र को उत्तेजित कर सकती हैं, जो रचनात्मकता, जुनून, और संवेदनशीलता को नियंत्रित करता है।

मणिपुर चक्र, जो व्यक्तिगत शक्ति, आत्म-सम्मान, और इच्छाशक्ति का प्रतीक है, को नावासन (Boat Pose) या फलकासन (Plank Pose) जैसी ट्विस्ट और कोर-संवर्धक मुद्राओं से सक्रिय किया जा सकता है। अनाहत चक्र को भुजंगासन (Cobra Pose) या सेतु बंधासन (Bridge Pose) जैसी पीठ को मोड़ने वाली मुद्राओं से खोला जा सकता है, जो प्रेम, करुणा, और क्षमा को बढ़ावा देता है। विशुद्ध चक्र, जो संवाद, आत्म-अभिव्यक्ति, और सत्य को नियंत्रित करता है, को सर्वांगासन (Shoulder Stand) और मत्स्यासन (Fish Pose) जैसी मुद्राओं से उत्तेजित किया जा सकता है।

चक्र योग में प्राणायाम, या श्वास नियंत्रण तकनीकें, भी शामिल हैं। श्वास को शारीरिक और सूक्ष्म शरीरों के बीच सेतु माना जाता है, और हमारी श्वास को सचेत रूप से नियंत्रित करके, हम अपने भीतर ऊर्जा के प्रवाह को प्रभावित कर सकते हैं। विशिष्ट प्राणायाम तकनीकें, जैसे नाड़ी शोधन (Nadi Shodhana), सभी चक्रों को संतुलित करने में मदद कर सकती हैं, जबकि उज्जायी श्वास (Victorious Breath) मणिपुर चक्र को सक्रिय कर सकती है और आंतरिक शक्ति और इच्छाशक्ति को बढ़ा सकती है।

ध्यान चक्र योग का एक और आवश्यक घटक है। मन को शांत करके और अपना ध्यान भीतर केंद्रित करके, हम अपने ऊर्जा केंद्रों और उनकी परस्पर जुड़ाव के प्रति गहरी जागरूकता विकसित कर सकते हैं। ध्यान हमें चक्रों में रुकावटों या असंतुलनों की पहचान करने और उन क्षेत्रों में ऊर्जा को जानबूझकर निर्देशित करने में मदद करता है जिन्हें उपचार और संतुलन की आवश्यकता होती है।

चक्र योग का एक मुख्य लाभ इसका शारीरिक और ऊर्जात्मक संरेखण को बढ़ावा देना है। विशिष्ट आसनों और प्राणायाम तकनीकों का अभ्यास करके, हम तनाव को छोड़ सकते हैं, लचीलापन बढ़ा सकते हैं, और अपनी मांसपेशियों और जोड़ों को मजबूत कर सकते हैं।

चक्र योग हमारे भावनात्मक और मानसिक स्वास्थ्य पर भी गहरा प्रभाव डाल सकता है। विशिष्ट चक्रों के साथ काम करके, हम अंतर्निहित भावनात्मक मुद्दों, जैसे चिंता, अवसाद, या आत्म-सम्मान की कमी, को संबोधित कर सकते हैं।

उदाहरण के लिए, हृदय खोलने वाले आसनों का अभ्यास करना और अनाहत चक्र पर ध्यान केंद्रित करना प्रेम, करुणा, और क्षमा की भावनाओं को बढ़ावा देने में मदद कर सकता है।

आध्यात्मिक स्तर पर, चक्र योग हमें अपने उच्चतर स्व से जुड़ने और जीवन में अपने उद्देश्य को गहराई से समझने में मदद कर सकता है।

हालांकि, यह महत्वपूर्ण है कि इस अभ्यास को अपने व्यक्तिगत आवश्यकताओं और सीमाओं के प्रति जागरूकता और सम्मान के साथ अपनाया जाए। हमेशा एक योग्य प्रशिक्षक से सीखना सबसे अच्छा होता है, जो आपको आसनों और तकनीकों के माध्यम से सुरक्षित और प्रभावी ढंग से मार्गदर्शन कर सके।

अंत में, चक्र योग एक शक्तिशाली और परिवर्तनकारी अभ्यास है, जो हमारे शारीरिक, भावनात्मक, और आध्यात्मिक कल्याण को बढ़ा सकता है। चक्रों को संतुलित और संरेखित करके, हम शरीर में ऊर्जा के मुक्त प्रवाह को बढ़ावा दे सकते हैं, रुकावटों और असंतुलनों को छोड़ सकते हैं, और अपने आप से और हमारे आसपास की दुनिया से गहरे संबंध विकसित कर सकते हैं।

11

चक्र उपचार: संतुलन और भलाई की बहाली

चक्र उपचार एक समग्र दृष्टिकोण है जो शरीर के ऊर्जा केंद्रों, जिन्हें चक्र कहा जाता है, में संतुलन और सामंजस्य बहाल करने पर केंद्रित है। प्राचीन पूर्वी परंपराओं में निहित, यह अभ्यास हमारे शारीरिक, भावनात्मक, और आध्यात्मिक शरीरों की परस्पर जुड़ाव को पहचानता है और उन असंतुलनों को संबोधित करता है जो शारीरिक रोग, भावनात्मक परेशानी, या आध्यात्मिक अलगाव के रूप में प्रकट हो सकते हैं। चक्र उपचार विभिन्न तकनीकों का उपयोग करता है, जिनमें ऊर्जा उपचार, ध्यान, योग, सुगंध चिकित्सा, और क्रिस्टल चिकित्सा शामिल हैं, ताकि अवरोधों को दूर किया जा सके, ऊर्जा प्रवाह को बहाल किया जा सके, और हमारे अस्तित्व के सभी स्तरों पर उपचार को बढ़ावा दिया जा सके।

चक्र उपचार का आधार इस समझ में निहित है कि हमारे शरीर केवल भौतिक अस्तित्व नहीं हैं, बल्कि ऊर्जावान प्रणालियां भी हैं। चक्र ऊर्जा के घूमते हुए केंद्र हैं जो रीढ़ के साथ स्थित होते हैं, और प्रत्येक चक्र विशिष्ट अंगों, भावनाओं, और आध्यात्मिक पहलुओं से जुड़ा होता है। जब ये ऊर्जा केंद्र संतुलित और स्वतंत्र रूप से प्रवाहित होते हैं, तो हम इष्टतम स्वास्थ्य और भलाई का अनुभव करते हैं। हालांकि, जब वे अवरुद्ध या असंतुलित हो जाते हैं, तो हम थकान, दर्द, चिंता, या अवसाद जैसे शारीरिक या भावनात्मक लक्षणों का अनुभव कर सकते हैं।

चक्र उपचार का उद्देश्य इन असंतुलनों की पहचान करना और उन्हें संबोधित

करना है, जिससे ऊर्जा का प्राकृतिक प्रवाह बहाल हो सके और सभी स्तरों पर उपचार को बढ़ावा दिया जा सके। चक्र उपचार के कई दृष्टिकोण हैं, जिनमें से प्रत्येक की अपनी अनूठी तकनीकें और दर्शन हैं। कुछ प्रैक्टिशनर ऊर्जा उपचार पद्धतियों पर ध्यान केंद्रित करते हैं, जैसे रिकी या प्राणिक चिकित्सा, जिसमें प्रैक्टिशनर से ग्राहक तक ऊर्जा का स्थानांतरण शामिल होता है ताकि अवरोधों को दूर किया जा सके और संतुलन बहाल किया जा सके।

योग चक्र उपचार का एक और शक्तिशाली उपकरण है। विशिष्ट योग मुद्राओं का उपयोग प्रत्येक चक्र को सक्रिय और संतुलित करने के लिए किया जा सकता है, ऊर्जा के प्रवाह को बढ़ावा देने और तनाव को मुक्त करने के लिए। उदाहरण के लिए, ताड़ासन या वीरभद्रासन जैसी स्थिर मुद्राएं मूलाधार चक्र को संतुलित करने में मदद कर सकती हैं, जबकि एकपाद राजकपोतासन या त्रिकोणासन जैसी कूल्हे खोलने वाली मुद्राएं स्वाधिष्ठान चक्र को उत्तेजित कर सकती हैं।

सुगंध चिकित्सा, जिसमें पौधों से प्राप्त आवश्यक तेलों का उपयोग किया जाता है, चक्र उपचार में एक मूल्यवान उपकरण हो सकता है। प्रत्येक चक्र विशिष्ट सुगंधों से जुड़ा होता है जो इसकी ऊर्जा को संतुलित और सामंजस्यपूर्ण बनाने में मदद कर सकती हैं। उदाहरण के लिए, लैवेंडर का तेल अक्सर तंत्रिका तंत्र को शांत करने और शांति लाने के लिए उपयोग किया जाता है, जबकि पुदीने का तेल ऊर्जा और ताजगी प्रदान करने में सहायक हो सकता है।

क्रिस्टल चिकित्सा चक्र उपचार के लिए एक और लोकप्रिय विधि है। क्रिस्टलों में अद्वितीय कंपन आवृत्तियां होती हैं जो हमारे ऊर्जा क्षेत्र के साथ संपर्क कर सकती हैं और उपचार और संतुलन को बढ़ावा दे सकती हैं। विभिन्न क्रिस्टल अलग-अलग चक्रों से जुड़े होते हैं, और इन्हें शरीर पर या उसके आसपास रखकर, हम अवरोधों को साफ करने और ऊर्जा के प्राकृतिक प्रवाह को बहाल करने में मदद कर सकते हैं।

चक्र उपचार में जीवनशैली के कारकों पर भी जोर दिया जाता है, जैसे आहार, व्यायाम, और तनाव प्रबंधन। संपूर्ण खाद्य पदार्थों से भरपूर स्वस्थ आहार खाना, नियमित व्यायाम करना, और ध्यान या योग जैसी विश्राम तकनीकों के माध्यम से तनाव को प्रबंधित करना, संतुलित और स्वस्थ ऊर्जा प्रणाली बनाए रखने में

योगदान कर सकते हैं।

चक्र उपचार सत्र प्रत्येक व्यक्ति और प्रैक्टिशनर की आवश्यकताओं के आधार पर भिन्न हो सकते हैं। एक विशिष्ट सत्र में ऊर्जा उपचार, ध्यान, योग मुद्राएं, सुगंध चिकित्सा, और क्रिस्टल चिकित्सा का संयोजन शामिल हो सकता है।

चक्र उपचार एक गहरी व्यक्तिगत और परिवर्तनकारी यात्रा है। यह आत्म-खोज, आत्म-देखभाल, और आध्यात्मिक विकास की प्रक्रिया है। अपने चक्रों के साथ काम करके, हम अपने आप को, अपनी भावनाओं को, और ब्रह्मांड के साथ अपने संबंध को गहराई से समझ सकते हैं। जैसे-जैसे हम अपने चक्रों को ठीक और संतुलित करते हैं, हम भलाई, जीवनशक्ति, और आनंद की एक बड़ी भावना के लिए खुद को खोलते हैं।

चक्र उपचार कोई त्वरित समाधान या जादुई गोली नहीं है। यह एक सतत प्रक्रिया है जिसके लिए धैर्य, प्रतिबद्धता, और हमारे आंतरिक परिदृश्य का पता लगाने की इच्छा की आवश्यकता होती है। हालांकि, इसके लाभ अमूल्य हैं। अपनी ऊर्जा के स्वास्थ्य में निवेश करके, हम अपने समग्र कल्याण में निवेश करते हैं और एक अधिक पूर्ण और आनंदमय जीवन के लिए नींव बनाते हैं।

12

चक्र पुष्टि: परिवर्तन के लिए सकारात्मक वक्तव्य

चक्र पुष्टि व्यक्तिगत परिवर्तन के लिए शक्तिशाली उपकरण हैं, जो सकारात्मक वक्तव्यों की ऊर्जा का उपयोग करके हमारे ऊर्जा केंद्रों को संरेखित और संतुलित करते हैं। ये पुष्टि, प्रत्येक चक्र के लिए विशेष रूप से बनाई गई, हमारे अंतर्निहित गुणों, क्षमताओं और दिव्यता से संबंध की सशक्त याद दिलाती हैं। इन वक्तव्यों को सचेत रूप से दोहराने से, हम अपने अवचेतन मन को पुन: प्रोग्राम कर सकते हैं, सीमित विश्वासों को छोड़ सकते हैं, और जीवन के प्रति अधिक सकारात्मक और सशक्त दृष्टिकोण विकसित कर सकते हैं।

पुष्टियां भाषा और विचार की शक्ति का उपयोग करती हैं। हमारे शब्द और विचार हमारी वास्तविकता का निर्माण करते हैं, जो हमारे विश्वासों, भावनाओं, और कार्यों को आकार देते हैं। जब हम सकारात्मक पुष्टि दोहराते हैं, तो हम मूल रूप से अपने अवचेतन मन में सकारात्मकता के बीज बोते हैं, जो नए विश्वासों और व्यवहारों में अंकुरित और विकसित हो सकते हैं। जिन गुणों को हम अपनाना चाहते हैं, उन पर ध्यान केंद्रित करके, हम उन गुणों को अपने जीवन में आकर्षित करना शुरू करते हैं।

प्रत्येक चक्र विशिष्ट वक्तव्यों का उत्तर देता है, जो उसकी अनूठी ऊर्जा और कार्य

से मेल खाते हैं। मूलाधार चक्र के लिए, "मैं स्थिर, सुरक्षित और समर्थित हूँ" जैसी पुष्टि स्थिरता और सुरक्षा की भावना पैदा करने में मदद कर सकती है। स्वाधिष्ठान चक्र के लिए, "मैं रचनात्मक, उत्साही और संवेदनशील हूँ" जैसी पुष्टि हमारी रचनात्मकता और संवेदनशीलता को जागृत कर सकती है। मणिपुर चक्र "मैं आत्मविश्वासी, शक्तिशाली और नियंत्रण में हूँ" जैसी पुष्टि पर प्रतिक्रिया करता है, जो आत्म-सम्मान और इच्छाशक्ति को बढ़ा सकती है। अनाहत चक्र के लिए, "मैं प्रेम, करुणा और क्षमा के लिए खुला हूँ" जैसी पुष्टि हमारे संबंधों को गहरा कर सकती है।

चक्र पुष्टि को दैनिक दिनचर्या में शामिल किया जा सकता है, जैसे सुबह या शाम के ध्यान में, डायरी लेखन में, या दिन भर इन्हें दोहराने में। कुंजी यह है कि ऐसी पुष्टि चुनें जो आपके साथ मेल खाती हो और जो आपको प्रेरित करे। नियमित अभ्यास करना आवश्यक है, क्योंकि पुनरावृत्ति सकारात्मक संदेशों को सुदृढ़ करती है और हमारे अवचेतन मन को पुन: प्रोग्राम करने में मदद करती है।

चक्र पुष्टि के लाभ अनेक हैं। ये तनाव, चिंता, और अवसाद को कम करने में मदद कर सकती हैं, साथ ही आत्म-सम्मान, आत्मविश्वास, और प्रेरणा को बढ़ावा देती हैं। सीमित विश्वासों और नकारात्मक विचारों को छोड़कर, हम नए अवसरों और संभावनाओं के लिए स्थान बनाते हैं। चक्र पुष्टि हमारे संबंधों को सुधारने, हमारी रचनात्मकता को बढ़ाने, और हमारी आध्यात्मिकता को गहरा करने में मदद कर सकती हैं।

यह ध्यान देना महत्वपूर्ण है कि चक्र पुष्टि कोई त्वरित समाधान नहीं है। ये ऐसे उपकरण हैं, जो लगातार और उद्देश्यपूर्ण उपयोग से हमारे व्यक्तिगत विकास और परिवर्तन का समर्थन कर सकते हैं। सकारात्मक वक्तव्यों और विश्वासों पर ध्यान केंद्रित करके, हम एक ऐसा तरंग प्रभाव उत्पन्न कर सकते हैं, जो हमारे जीवन को भीतर से बाहर की ओर बदल देता है।

जैसे ही आप चक्र उपचार और परिवर्तन की अपनी यात्रा पर आगे बढ़ते हैं, याद रखें कि आप अकेले नहीं हैं। ब्रह्मांड हमेशा आपके विकास और विकास का समर्थन करने के लिए काम कर रहा है। अपने ऊर्जा केंद्रों को संरेखित करके और सकारात्मक पुष्टि की शक्ति को अपनाकर, आप एक ऐसा जीवन बना सकते हैं,

जो आनंद, समृद्धि, और आध्यात्मिक पूर्णता से भरा हो।

जो आनंद, समृद्धि, और आध्यात्मिक पूर्णता से भरा हो।

13

चक्र पत्थर: क्रिस्टल के साथ ऊर्जा को बढ़ाना

क्रिस्टल, अपनी अद्वितीय आणविक संरचनाओं और कंपन आवृत्तियों के साथ, सदियों से उपचार, परिवर्तन और आध्यात्मिक विकास के शक्तिशाली उपकरण के रूप में प्रतिष्ठित रहे हैं। चक्र उपचार के क्षेत्र में, क्रिस्टल हमारे सात मुख्य ऊर्जा केंद्रों की ऊर्जा को बढ़ाने और संतुलित करने में महत्वपूर्ण भूमिका निभाते हैं। विशिष्ट क्रिस्टलों के अद्वितीय गुणों का उपयोग करके, हम चक्रों को शुद्ध, सक्रिय और संरेखित कर सकते हैं, जिससे शारीरिक, भावनात्मक और आध्यात्मिक कल्याण को बढ़ावा मिलता है।

चक्र उपचार के लिए क्रिस्टलों का उपयोग इस समझ में निहित है कि ब्रह्मांड में हर चीज़ एक विशिष्ट आवृत्ति पर कंपन करती है, जिसमें हमारे शरीर, मन और आत्मा भी शामिल हैं। क्रिस्टल, अपनी स्थिर और सुसंगत कंपन आवृत्तियों के साथ, हमारे ऊर्जा केंद्रों के लिए ट्यूनिंग फोर्क के रूप में कार्य कर सकते हैं, जिससे संतुलन और सामंजस्य बहाल होता है। प्रत्येक चक्र विशिष्ट रंगों और कंपन से जुड़ा होता है, और इन आवृत्तियों से मेल खाने वाले क्रिस्टल चुनकर, हम प्रभावी रूप से प्रत्येक चक्र की ऊर्जा को बढ़ा और संतुलित कर सकते हैं।

मूलाधार चक्र, जो रीढ़ के आधार पर स्थित है, लाल रंग और पृथ्वी तत्व से जुड़ा होता है। लाल जेस्पर, गार्नेट और ब्लैक टूमलाइन जैसे क्रिस्टल इस चक्र को स्थिर और स्थिर करने में मदद कर सकते हैं, सुरक्षा और भौतिक दुनिया से जुड़ाव की

भावनाओं को बढ़ावा देते हैं। ये पत्थर डर, चिंता और अन्य नकारात्मक भावनाओं को भी मुक्त करने में सहायक होते हैं।

स्वाधिष्ठान चक्र, जो नाभि के नीचे स्थित है, नारंगी रंग और जल तत्व से जुड़ा होता है। कार्नेलियन, ऑरेंज कैल्साइट और एम्बर जैसे क्रिस्टल इस चक्र को सक्रिय और संतुलित कर सकते हैं, रचनात्मकता, उत्साह, आनंद और संवेदनशीलता को बढ़ावा देते हैं। ये पत्थर भावनात्मक अवरोधों को मुक्त करने और क्षेत्र में स्वस्थ ऊर्जा प्रवाह को बढ़ावा देने में भी मदद कर सकते हैं।

मणिपुर चक्र, जो ऊपरी पेट में स्थित है, पीले रंग और अग्नि तत्व से जुड़ा होता है। सिट्रीन, यलो जेस्पर और टाइगर आई जैसे क्रिस्टल इस चक्र को उत्तेजित और संतुलित कर सकते हैं, व्यक्तिगत शक्ति, आत्म-सम्मान, आत्मविश्वास और इच्छाशक्ति को बढ़ावा देते हैं। ये पत्थर नकारात्मक भावनाओं जैसे क्रोध, आक्रोश और असफलता के डर को भी दूर करने में सहायक हो सकते हैं।

अनाहत चक्र, जो छाती के केंद्र में स्थित है, हरे या गुलाबी रंग और वायु तत्व से जुड़ा होता है। रोज क्वार्ट्ज, ग्रीन एवेंचुरिन और पन्ना जैसे क्रिस्टल इस चक्र को खोलने और चंगा करने में मदद कर सकते हैं, प्रेम, करुणा, क्षमा और भावनात्मक उपचार को बढ़ावा देते हैं। ये पत्थर दुख, उदासी और भावनात्मक दर्द को भी दूर करने में सहायक होते हैं।

विशुद्ध चक्र, जो गले में स्थित है, नीले रंग और आकाश तत्व से जुड़ा होता है। टर्क्वॉइज़, एक्वामरीन और लैपिस लाजुली जैसे क्रिस्टल इस चक्र को सक्रिय और संतुलित कर सकते हैं, स्पष्ट संवाद, आत्म-अभिव्यक्ति और सत्य को बढ़ावा देते हैं। ये पत्थर संवाद में डर, रचनात्मक रुकावटों और आत्म-अभिव्यक्ति की रुकावटों को दूर करने में भी मदद कर सकते हैं।

आज्ञा चक्र, जो भौंहों के बीच स्थित है, जामुनी रंग और प्रकाश तत्व से जुड़ा होता है। एमीथिस्ट, सोडालाइट और लैपिस लाजुली जैसे क्रिस्टल इस चक्र को खोलने और संतुलित करने में मदद कर सकते हैं, अंतर्ज्ञान, अंतर्दृष्टि और आध्यात्मिक जागरूकता को बढ़ावा देते हैं।

सहस्रार चक्र, जो सिर के शीर्ष पर स्थित है, बैंगनी या सफेद रंग और विचार तत्व से जुड़ा होता है। क्लियर क्वार्ट्ज, एमीथिस्ट और सेलेनाइट जैसे क्रिस्टल इस चक्र को सक्रिय और संतुलित कर सकते हैं, आध्यात्मिक संबंध, ज्ञान और पारलौकिकता को बढ़ावा देते हैं।

चक्र उपचार अभ्यास में क्रिस्टलों को शामिल करने के कई तरीके हैं। एक सामान्य विधि ध्यान या ऊर्जा कार्य के दौरान चक्र पर संबंधित क्रिस्टल रखना है। आप क्रिस्टल आभूषण पहन सकते हैं, इन्हें अपने पास रख सकते हैं, या अपने परिवेश में इन्हें रख सकते हैं ताकि इनके कंपन का दिन भर लाभ मिल सके।

क्रिस्टल का नियमित रूप से शुद्ध और चार्ज करना आवश्यक है ताकि उनकी ऊर्जात्मक शुद्धता और प्रभावशीलता बनी रहे। इसे सूर्य के प्रकाश या चंद्रमा के प्रकाश में रखकर, साजे या पेलो सैंटो से धुंआ देकर, या पृथ्वी में दफन करके किया जा सकता है।

क्रिस्टल उपचार और परिवर्तन के उपकरण हैं, लेकिन ये किसी भी चिकित्सीय सलाह या उपचार का विकल्प नहीं हैं। यदि आप शारीरिक या भावनात्मक लक्षणों का अनुभव कर रहे हैं, तो योग्य स्वास्थ्य सेवा प्रदाता से परामर्श करना महत्वपूर्ण है।

14

चक्र रंग: रंग चिकित्सा द्वारा कंपनात्मक उपचार

रंग चिकित्सा, जिसे क्रोमोथेरेपी के रूप में भी जाना जाता है, एक समग्र उपचार पद्धति है, जो शरीर, मन और आत्मा में संतुलन और भलाई को बढ़ावा देने के लिए रंगों की कंपनात्मक ऊर्जा का उपयोग करती है। प्राचीन परंपराओं और आधुनिक वैज्ञानिक समझ में निहित यह अभ्यास मानता है कि रंग केवल दृश्य घटनाएं नहीं हैं, बल्कि ऊर्जावान आवृत्तियां भी हैं, जो हमारे सूक्ष्म ऊर्जा शरीरों के साथ संपर्क कर सकती हैं। रंग की शक्ति का उपयोग करके, हम असंतुलनों को दूर कर सकते हैं, उपचार को प्रोत्साहित कर सकते हैं और अपनी समग्र जीवन शक्ति को बढ़ा सकते हैं।

रंग चिकित्सा का सिद्धांत इस समझ पर आधारित है कि प्रत्येक रंग की अपनी अनूठी कंपन और आवृत्ति होती है, जो हमारे शारीरिक, भावनात्मक और मानसिक अवस्थाओं को प्रभावित कर सकती है। रंग अक्सर हमारे शरीर के ऊर्जा केंद्रों, चक्रों, से जुड़े होते हैं और इन चक्रों को संतुलित और सामंजस्यपूर्ण बनाने के लिए उपयोग किए जा सकते हैं, जिससे इष्टतम स्वास्थ्य और भलाई को बढ़ावा मिलता है।

रीढ़ की जड़ से लेकर सिर के शीर्ष तक के सात मुख्य चक्र निम्नलिखित रंगों से

जुड़े होते हैं:

- मूलाधार चक्र: लाल

- स्वाधिष्ठान चक्र: नारंगी

- मणिपुर चक्र: पीला

- अनाहत चक्र: हरा

- विशुद्ध चक्र: नीला

- आज्ञा चक्र: जामुनी

- सहस्रार चक्र: बैंगनी या सफेद

इन रंगों में से प्रत्येक के हमारे ऊर्जा तंत्र पर विशिष्ट गुण और प्रभाव होते हैं। उदाहरण के लिए, लाल स्थिरता, सुरक्षा और जीवन शक्ति से जुड़ा है, जबकि नारंगी रचनात्मकता, उत्साह और आनंद का प्रतीक है। पीला आत्मविश्वास, व्यक्तिगत शक्ति और आत्म-सम्मान का प्रतिनिधित्व करता है, जबकि हरा प्रेम, करुणा और उपचार का प्रतीक है। नीला संवाद, आत्म-अभिव्यक्ति और सत्य से जुड़ा है, जबकि जामुनी अंतर्ज्ञान, अंतर्दृष्टि और आध्यात्मिक जागरूकता का प्रतिनिधित्व करता है। बैंगनी या सफेद आध्यात्मिक संबंध, ज्ञान और पारलौकिकता का प्रतीक है।

रंग चिकित्सा को उपचार और संतुलन को बढ़ावा देने के लिए विभिन्न तरीकों से उपयोग किया जा सकता है। एक सामान्य विधि रंगीन प्रकाश के संपर्क में रहना है। यह रंगीन बल्बों, लैंपों, या यहां तक कि प्राकृतिक सूर्य के प्रकाश में समय बिताकर किया जा सकता है।

एक और दृष्टिकोण रंगीन कपड़ों, गहनों या हमारे परिवेश में वस्तुओं के उपयोग को शामिल करता है। जिन रंगों से विशेष चक्र मेल खाते हैं, उन्हें अपने आसपास रखकर, हम अपने ऊर्जा क्षेत्र को सूक्ष्म रूप से प्रभावित कर सकते हैं और उपचार को बढ़ावा दे सकते हैं। उदाहरण के लिए, लाल दुपट्टा पहनना या अपनी मेज पर लाल क्रिस्टल रखना मूलाधार चक्र को सक्रिय और संतुलित करने में मदद कर सकता है।

रंग चिकित्सा को भोजन के माध्यम से भी लागू किया जा सकता है। विभिन्न रंगों के फल और सब्जियां खाना हमारे शरीर को विभिन्न पोषक तत्व और

एंटीऑक्सिडेंट प्रदान करता है, साथ ही संबंधित रंगों की कंपनात्मक ऊर्जा भी। उदाहरण के लिए, लाल भोजन, जैसे टमाटर और स्ट्रॉबेरी, मूलाधार चक्र के लिए फायदेमंद हैं, जबकि गाजर और संतरे जैसे नारंगी भोजन स्वाधिष्ठान चक्र को पोषण दे सकते हैं।

कल्पना रंग चिकित्सा में एक और शक्तिशाली उपकरण है। अपनी आँखें बंद करके और अपने आप को किसी विशेष रंग से घिरा हुआ कल्पना करके, हम उस रंग की ऊर्जा को अपने शरीर या ऊर्जा क्षेत्र के विशिष्ट क्षेत्रों में निर्देशित कर सकते हैं, जिससे उपचार और संतुलन को बढ़ावा मिलता है।

रंग चिकित्सा को शारीरिक, भावनात्मक और मानसिक मुद्दों की एक विस्तृत श्रृंखला को संबोधित करने के लिए उपयोग किया जा सकता है। उदाहरण के लिए, लाल प्रकाश चिकित्सा को घाव भरने, सूजन को कम करने और त्वचा की स्थिति में सुधार के लिए दिखाया गया है। नीली प्रकाश चिकित्सा का उपयोग मौसमी भावात्मक विकार (SAD) और अवसाद के अन्य रूपों के इलाज के लिए किया गया है। हरे रंग की प्रकाश चिकित्सा को विश्राम को बढ़ावा देने, चिंता को कम करने और नींद में सुधार करने के लिए दिखाया गया है।

रंग चिकित्सा को व्यक्तिगत विकास और आध्यात्मिक विकास के लिए एक उपकरण के रूप में भी उपयोग किया जा सकता है। चक्रों के रंगों के साथ काम करके, हम अपने आप को और ब्रह्मांड के साथ अपने संबंध को गहराई से समझ सकते हैं।

हालांकि, किसी भी विशिष्ट चिकित्सा स्थिति के लिए उपचार के रूप में इसका उपयोग करने से पहले किसी योग्य चिकित्सक से परामर्श करना महत्वपूर्ण है। वे आपकी व्यक्तिगत आवश्यकताओं के लिए उपयुक्त रंग और विधियों का निर्धारण करने में मदद कर सकते हैं।

अंत में, रंग चिकित्सा उपचार और भलाई के लिए एक अनूठा और शक्तिशाली दृष्टिकोण प्रदान करती है। रंगों की कंपनात्मक ऊर्जा का उपयोग करके, हम असंतुलनों को दूर कर सकते हैं, उपचार को प्रोत्साहित कर सकते हैं और अपनी समग्र जीवन शक्ति को बढ़ा सकते हैं।

15

चक्र ध्वनियां: कंपन आवृत्तियों से जुड़ना

ब्रह्मांड ऊर्जा का एक सिम्फनी है, एक सामंजस्यपूर्ण नृत्य जो प्रत्येक परमाणु और प्रत्येक जीवित प्राणी में व्याप्त है। सबसे छोटे उपपरमाण्विक कण से लेकर सबसे बड़े ब्रह्मांडीय संरचना तक, सब कुछ अपनी एक विशिष्ट आवृत्ति के साथ गूंजता है। यह सिद्धांत हमारे अपने शरीर तक भी विस्तारित होता है, जहां प्रत्येक चक्र या ऊर्जा केंद्र एक विशिष्ट आवृत्ति पर कंपन करता है। चक्र ध्वनियां, एक प्रकार की कंपन चिकित्सा, ध्वनि की शक्ति का उपयोग इन आवृत्तियों के साथ तालमेल बिठाने, संतुलन बहाल करने और गहरे स्तर पर उपचार को बढ़ावा देने के लिए करती हैं।

ध्वनि उपचार, एक प्राचीन अभ्यास जो हजारों वर्षों से प्रचलित है, इस समझ पर आधारित है कि ध्वनि केवल एक संवेदी अनुभव नहीं है, बल्कि ऊर्जा का एक शक्तिशाली रूप है, जो हमारे शारीरिक, भावनात्मक और आध्यात्मिक कल्याण को प्रभावित कर सकता है। ध्वनि तरंगें हमारे शरीर के माध्यम से यात्रा करती हैं, हमारी कोशिकाओं, अंगों और ऊर्जा क्षेत्रों के साथ संपर्क करती हैं, और कंपन की एक श्रृंखला बनाती हैं जो विश्राम को बढ़ावा दे सकती हैं, तनाव को कम कर सकती हैं, और उपचार को उत्तेजित कर सकती हैं।

चक्र ध्वनियां विशिष्ट आवृत्तियों का उपयोग करती हैं, जो प्रत्येक चक्र की कंपन आवृत्ति से मेल खाती हैं। ये आवृत्तियां विभिन्न उपकरणों और स्वर तकनीकों के

माध्यम से उत्पन्न की जा सकती हैं, जैसे सिंगिंग बाउल्स, ट्यूनिंग फोर्क्स, जप और स्वरसाधना। जब हम अपने शरीर को इन विशिष्ट आवृत्तियों के संपर्क में लाते हैं, तो हम अपने चक्रों को उनकी इष्टतम कंपन के अनुरूप बनाते हैं, जिससे हमारे ऊर्जा तंत्र में संतुलन और सामंजस्य बढ़ता है।

मूलाधार चक्र, जो लाल रंग और पृथ्वी तत्व से जुड़ा है, सात चक्रों में सबसे कम आवृत्ति पर गूंजता है। इस चक्र के लिए ध्वनि उपचार अक्सर गहरी, स्थिर ध्वनियों को शामिल करता है, जैसे ढोल की ध्वनि, जप, या सिंगिंग बाउल की गहरी ध्वनि। ये ध्वनियां हमें वर्तमान क्षण में स्थिर करने, स्थिरता और सुरक्षा की भावनाओं को बढ़ावा देने और किसी भी भय या चिंता को दूर करने में मदद कर सकती हैं।

स्वाधिष्ठान चक्र, जो नारंगी रंग और जल तत्व से जुड़ा है, मूलाधार चक्र की तुलना में थोड़ी उच्च आवृत्ति पर गूंजता है। इस चक्र के लिए ध्वनि उपचार में अक्सर कोमल, प्रवाही ध्वनियां शामिल होती हैं, जैसे सिंगिंग बाउल की शांत ध्वनि या पानी की लयबद्ध ध्वनि। ये ध्वनियां रचनात्मकता, उत्साह, और संवेदनशीलता को प्रोत्साहित करने में मदद कर सकती हैं, साथ ही भावनात्मक अवरोधों को दूर करने और क्षेत्र में ऊर्जा के स्वस्थ प्रवाह को बढ़ावा देने में मदद कर सकती हैं।

मणिपुर चक्र, जो पीले रंग और अग्नि तत्व से जुड़ा है, एक जीवंत और ऊर्जावान आवृत्ति पर गूंजता है। इस चक्र के लिए ध्वनि उपचार में अक्सर उज्ज्वल, उत्साहवर्धक ध्वनियां शामिल होती हैं, जैसे सिंगिंग बाउल के उच्च स्वर या घंटियों की ध्वनि। ये ध्वनियां व्यक्तिगत शक्ति, आत्म-सम्मान, आत्मविश्वास और इच्छाशक्ति को बढ़ावा देने में मदद कर सकती हैं।

अनाहत चक्र, जो हरे या गुलाबी रंग और वायु तत्व से जुड़ा है, प्रेम, करुणा और सामंजस्य की आवृत्ति पर गूंजता है। इस चक्र के लिए ध्वनि उपचार में अक्सर कोमल, सुखदायक ध्वनियां शामिल होती हैं, जैसे सिंगिंग बाउल के नरम स्वर या वीणा की मधुर धुनें। ये ध्वनियां प्रेम, करुणा, क्षमा और भावनात्मक उपचार की भावनाओं को बढ़ावा देने में मदद कर सकती हैं।

विशुद्ध चक्र, जो नीले रंग और आकाश तत्व से जुड़ा है, एक स्पष्ट और गूंजने वाली आवृत्ति पर गूंजता है। इस चक्र के लिए ध्वनि उपचार में अक्सर स्वरसाधना,

जप, या ट्यूनिंग फोर्क की शुद्ध ध्वनियों का उपयोग किया जाता है।

आज्ञा चक्र, जो जामुनी रंग और प्रकाश तत्व से जुड़ा है, अंतर्ज्ञान, अंतर्दृष्टि और आध्यात्मिक जागरूकता की उच्च आवृत्ति पर गूंजता है। इस चक्र के लिए ध्वनि उपचार में अक्सर उच्च स्वर वाली ध्वनियां शामिल होती हैं, जैसे सिंगिंग बाउल की उच्च ध्वनियां।

सहस्रार चक्र, जो बैंगनी या सफेद रंग और विचार तत्व से जुड़ा है, सभी चक्रों में सबसे उच्च आवृत्ति पर गूंजता है। इस चक्र के लिए ध्वनि उपचार में अक्सर नाजुक, उच्च स्वर वाली ध्वनियां शामिल होती हैं, जैसे क्रिस्टल सिंगिंग बाउल या घंटियों की ध्वनि।

चक्र ध्वनि उपचार के लाभ कई हैं। ध्वनि कंपन हमारे शरीर में गहराई तक प्रवेश कर सकते हैं, हमें कोशिकीय स्तर पर प्रभावित कर सकते हैं। ये तनाव कम करने, दर्द कम करने, परिसंचरण में सुधार करने, और प्रतिरक्षा प्रणाली को बढ़ावा देने में मदद कर सकते हैं।

16

चक्र पोषण: अपनी ऊर्जा प्रणाली का पोषण

चक्र पोषण पोषण का एक समग्र दृष्टिकोण है, जो हमारे भौतिक शरीर और हमारी सूक्ष्म ऊर्जा प्रणालियों के आपसी संबंध को पहचानता है। यह केवल शरीर को आवश्यक पोषक तत्वों से ईंधन देने तक सीमित नहीं है, बल्कि सात मुख्य ऊर्जा केंद्रों, जिन्हें चक्र कहा जाता है, को पोषण देने पर ध्यान केंद्रित करता है, ताकि स्वास्थ्य, कल्याण और आध्यात्मिक विकास को बढ़ावा मिल सके। विभिन्न खाद्य पदार्थों के अद्वितीय ऊर्जावान गुणों को समझकर और उन्हें अपने आहार में शामिल करके, हम अपने शरीर में ऊर्जा के संतुलन और प्रवाह का समर्थन कर सकते हैं, जिससे जीवन शक्ति, भावनात्मक संतुलन और आध्यात्मिक संबंध में वृद्धि होती है।

चक्र पोषण का विचार इस समझ पर आधारित है कि भोजन केवल शारीरिक पोषण का स्रोत नहीं है, बल्कि ऊर्जा और कंपन का भी स्रोत है। प्रत्येक चक्र विशिष्ट आवृत्तियों और रंगों के साथ प्रतिध्वनित होता है, और इन कंपन से मेल खाने वाले खाद्य पदार्थों का सेवन करके, हम संबंधित चक्रों को पोषण और संतुलित कर सकते हैं। यह पोषण दृष्टिकोण मानता है कि हमारा शरीर केवल ईंधन की आवश्यकता वाले मशीन नहीं हैं, बल्कि जटिल ऊर्जा प्रणालियां हैं जिन्हें कई स्तरों पर पोषण की आवश्यकता होती है।

मूलाधार चक्र, जो लाल रंग और पृथ्वी तत्व से जुड़ा है, को स्थिर और स्थलीय

खाद्य पदार्थों से पोषण मिलता है। गाजर, चुकंदर, आलू और मूली जैसी जड़ वाली सब्जियां उत्कृष्ट विकल्प हैं, क्योंकि ये स्थिरता और सुरक्षा की भावना प्रदान करती हैं। लाल फल और सब्जियां, जैसे टमाटर, लाल मिर्च और स्ट्रॉबेरी, इस चक्र को सशक्त और पुनर्जीवित करने में मदद कर सकती हैं। इसके अतिरिक्त, प्रोटीन युक्त खाद्य पदार्थ, जैसे सेम, दाल और मेवे, मूलाधार चक्र के अस्तित्व और स्थिरता से संबंध का समर्थन कर सकते हैं।

स्वाधिष्ठान चक्र, जो नारंगी रंग और जल तत्व से जुड़ा है, को हाइड्रेटिंग और पोषणकारी खाद्य पदार्थों से पोषण मिलता है। पानी से भरपूर फल और सब्जियां, जैसे खरबूजे, खीरा और संतरे, इस चक्र के लिए आवश्यक हैं। नारंगी रंग के खाद्य पदार्थ, जैसे शकरकंद, खुबानी और आम, रचनात्मकता और उत्साह को प्रोत्साहित करने में मदद कर सकते हैं। स्वस्थ वसा, जैसे एवोकाडो, मेवे और बीज में पाई जाने वाली वसा, भी स्वाधिष्ठान चक्र को पोषण और ऊर्जा के स्वस्थ प्रवाह को बढ़ावा दे सकती है।

मणिपुर चक्र, जो पीले रंग और अग्नि तत्व से जुड़ा है, को गर्म और ऊर्जावान खाद्य पदार्थों से पोषण मिलता है। केले, नींबू और मकई जैसे पीले फल और सब्जियां इस चक्र को सक्रिय और संतुलित करने में मदद कर सकती हैं। ब्राउन राइस, क्विनोआ और जई जैसे साबुत अनाज निरंतर ऊर्जा प्रदान कर सकते हैं और मणिपुर चक्र के व्यक्तिगत शक्ति और इच्छाशक्ति के संबंध का समर्थन कर सकते हैं। अदरक और हल्दी जैसे मसाले इस चक्र के भीतर अग्नि तत्व को प्रज्वलित करने में भी सहायक हो सकते हैं।

अनाहत चक्र, जो हरे या गुलाबी रंग और वायु तत्व से जुड़ा है, को हल्के और ताजे खाद्य पदार्थों से पोषण मिलता है। पालक, केल और अरुगुला जैसी पत्तेदार हरी सब्जियां इस चक्र के लिए उत्कृष्ट विकल्प हैं। हरे फल, जैसे सेब, नाशपाती और अंगूर, प्रेम, करुणा और भावनात्मक उपचार को बढ़ावा देने में मदद कर सकते हैं। इसके अतिरिक्त, जैतून के तेल और एवोकाडो जैसे स्वस्थ वसा, अनाहत चक्र को पोषण और हृदय स्वास्थ्य का समर्थन कर सकते हैं।

विशुद्ध चक्र, जो नीले रंग और आकाश तत्व से जुड़ा है, को स्पष्ट और शुद्ध खाद्य पदार्थ से पोषण मिलता है। ब्लूबेरी, ब्लैकबेरी और आलूबुखारा इस चक्र के

लिए उत्कृष्ट विकल्प हैं। पानी, हर्बल चाय और साफ शोरबा जैसे तरल पदार्थ भी इस चक्र को शुद्ध और साफ करने में मदद कर सकते हैं।

आज्ञा चक्र, जो जामुनी रंग और प्रकाश तत्व से जुड़ा है, को ऐसे खाद्य पदार्थों से पोषण मिलता है जो मानसिक स्पष्टता और अंतर्ज्ञान को बढ़ावा देते हैं। ब्लूबेरी, बैंगन और अंगूर जैसे गहरे रंग के फल और सब्जियां इस चक्र के लिए उत्कृष्ट विकल्प हैं। ओमेगा-3 फैटी एसिड, जैसे मछली, अखरोट और अलसी के बीज में पाया जाता है, मस्तिष्क के स्वास्थ्य का समर्थन कर सकता है और अंतर्ज्ञान को बढ़ा सकता है।

सहस्रार चक्र, जो बैंगनी या सफेद रंग और विचार तत्व से जुड़ा है, को हल्के और शुद्ध खाद्य पदार्थों से पोषण मिलता है। फूलगोभी, लहसुन और प्याज जैसे सफेद फल और सब्जियां इस चक्र के लिए लाभदायक हैं। उच्च आवृत्ति वाले खाद्य पदार्थ, जैसे ताजे जड़ी-बूटियां और मसाले, इस चक्र को खोलने और सक्रिय करने में मदद कर सकते हैं।

चक्र पोषण यह नहीं है कि हम क्या खाते हैं, बल्कि यह भी है कि हम कैसे खाते हैं। अपने भोजन को ध्यान से खाना, प्रत्येक कौर का आनंद लेना और आभार व्यक्त करना हमारे भोजन के ऊर्जावान मूल्य को बढ़ा सकता है और हमारे शरीर और आत्मा को पोषण दे सकता है।

17

चक्र सुगंध चिकित्सा: आवश्यक तेलों से कल्याण को बढ़ावा देना

सुगंध चिकित्सा, जो आवश्यक तेलों के चिकित्सीय उपयोग पर आधारित है, सदियों से विभिन्न संस्कृतियों में अभ्यास की जा रही है और इसे शारीरिक, भावनात्मक और आध्यात्मिक कल्याण को बढ़ावा देने की अपनी क्षमता के लिए सम्मानित किया गया है। चक्र उपचार के क्षेत्र में, सुगंध चिकित्सा का गहरा महत्व है, क्योंकि प्रत्येक चक्र विभिन्न आवश्यक तेलों की कंपन आवृत्तियों पर अलग-अलग प्रतिक्रिया करता है। विशिष्ट सुगंधों को अपनी दैनिक दिनचर्या में शामिल करके, हम अपने चक्रों को प्रभावी ढंग से संतुलित और सामंजस्यपूर्ण बना सकते हैं, जिससे स्वास्थ्य, जीवन शक्ति और आध्यात्मिक जुड़ाव को बढ़ावा मिलता है।

आवश्यक तेल अत्यधिक संकेंद्रित पौधों के अर्क होते हैं जो किसी पौधे की सुगंध, स्वाद और चिकित्सीय गुणों को कैप्चर करते हैं। ये शक्तिशाली तेल विभिन्न तरीकों से प्राप्त किए जाते हैं, जैसे कि भाप आसवन या ठंडी प्रेसिंग, और इनमें जटिल रासायनिक यौगिक होते हैं जो हमारे शरीर पर कोशिकीय स्तर पर प्रभाव डालते हैं। जब इन्हें साँस के माध्यम से लिया जाता है या त्वचा पर लगाया जाता है, तो ये आवश्यक तेल हमारे तंत्रिका तंत्र, अंतःस्रावी तंत्र और प्रतिरक्षा तंत्र को प्रभावित कर सकते हैं, जिससे विश्राम, तनाव में कमी और उपचार को प्रोत्साहन

मिलता है।

चक्र सुगंध चिकित्सा में, प्रत्येक चक्र को विशिष्ट आवश्यक तेलों से जोड़ा जाता है जो इसकी अनूठी आवृत्ति और ऊर्जा के साथ मेल खाते हैं। किसी विशेष चक्र से जुड़े तेलों का चयन करके, हम उस ऊर्जा केंद्र को प्रभावी ढंग से लक्षित और संतुलित कर सकते हैं, जिससे इष्टतम स्वास्थ्य और कल्याण को बढ़ावा मिलता है। आइए सात मुख्य चक्रों के साथ प्रतिध्वनित होने वाले आवश्यक तेलों का पता लगाएं:

मूलाधार चक्र, जो लाल रंग और पृथ्वी तत्व से जुड़ा है, हमारे स्थिरता, स्थायित्व और सुरक्षा की भावना से गहराई से जुड़ा हुआ है। पचौली, वेटिवर और देवदार जैसे आवश्यक तेल, जो अपनी स्थिर और स्थलीय सुगंधों के लिए जाने जाते हैं, इस चक्र को स्थिर और संतुलित करने में मदद कर सकते हैं। ये तेल सुरक्षा, स्थिरता और पृथ्वी से जुड़ाव की भावनाओं को बढ़ावा दे सकते हैं, साथ ही डर, चिंता और अन्य नकारात्मक भावनाओं को दूर करने में मदद कर सकते हैं।

स्वाधिष्ठान चक्र, जो नारंगी रंग और जल तत्व से जुड़ा है, हमारी रचनात्मकता, जुनून और कामुकता को नियंत्रित करता है। यलंग-यलंग, चंदन और मीठे नारंगी जैसे आवश्यक तेल, अपनी मीठी और कामुक सुगंधों के साथ, इस चक्र को सक्रिय और संतुलित करने में मदद कर सकते हैं। ये तेल रचनात्मकता को बढ़ा सकते हैं, भावनात्मक कल्याण को बढ़ावा दे सकते हैं और स्वस्थ यौन ऊर्जा को प्रोत्साहित कर सकते हैं।

मणिपुर चक्र, जो पीले रंग और अग्नि तत्व से जुड़ा है, हमारे व्यक्तिगत शक्ति, आत्म-सम्मान और आत्मविश्वास का प्रतीक है। नींबू, मेंहदी और अदरक जैसे आवश्यक तेल, अपनी चमकदार और प्रेरक सुगंधों के साथ, इस चक्र को सशक्त बना सकते हैं। ये तेल आत्मविश्वास को बढ़ा सकते हैं, प्रेरणा को प्रोत्साहित कर सकते हैं और आत्म-अभिव्यक्ति को प्रोत्साहित कर सकते हैं।

अनाहत चक्र, जो हरे या गुलाबी रंग और वायु तत्व से जुड़ा है, प्रेम, करुणा और क्षमा का केंद्र है। गुलाब, गेरियम और लैवेंडर जैसे आवश्यक तेल, अपनी पुष्प और शांत करने वाली सुगंधों के साथ, इस चक्र को खोलने और चंगा करने में मदद कर सकते हैं। ये तेल प्रेम, करुणा, क्षमा और भावनात्मक उपचार की भावनाओं को

बढ़ावा दे सकते हैं, साथ ही तनाव और चिंता को कम कर सकते हैं।

विशुद्ध चक्र, जो नीले रंग और आकाश तत्व से जुड़ा है, हमारे संचार, आत्म-अभिव्यक्ति और सत्य का नियंत्रण करता है। कैमोमाइल, पेपरमिंट और नीलगिरी जैसे आवश्यक तेल, अपनी स्पष्ट और ताजा सुगंधों के साथ, इस चक्र को खोलने और संतुलित करने में मदद कर सकते हैं। ये तेल संचार को बढ़ावा दे सकते हैं, आत्म-अभिव्यक्ति को प्रोत्साहित कर सकते हैं और किसी भी अवरोध या डर को दूर कर सकते हैं जो हमें अपनी सच्चाई बोलने से रोक सकता है।

आज्ञा चक्र, जो जामुनी रंग और प्रकाश तत्व से जुड़ा है, अंतर्ज्ञान, अंतर्दृष्टि और आध्यात्मिक जागरूकता का केंद्र है। लोबान, चंदन और क्लेरी सेज जैसे आवश्यक तेल, अपनी रहस्यमय और शांत सुगंधों के साथ, इस चक्र को सक्रिय और संतुलित करने में मदद कर सकते हैं। ये तेल अंतर्ज्ञान को बढ़ा सकते हैं, मानसिक स्पष्टता को प्रोत्साहित कर सकते हैं और आध्यात्मिक संबंध को गहरा कर सकते हैं।

सहस्रार चक्र, जो बैंगनी या सफेद रंग और विचार तत्व से जुड़ा है, हमारे दिव्य संबंध, आध्यात्मिक ज्ञान और पारलौकिकता का प्रतीक है। लैवेंडर, लोबान और गंधरास जैसे आवश्यक तेल, अपनी प्रेरक और आध्यात्मिक सुगंधों के साथ, इस चक्र को खोलने और संतुलित करने में मदद कर सकते हैं। ये तेल आध्यात्मिक जागरूकता को बढ़ावा दे सकते हैं, ध्यान को बढ़ा सकते हैं और उच्च चेतना के स्तर से जुड़ने की सुविधा प्रदान कर सकते हैं।

आवश्यक तेलों का उपयोग सुरक्षित और जिम्मेदारी से करना महत्वपूर्ण है, क्योंकि वे अत्यधिक संकेंद्रित होते हैं और यदि सही तरीके से उपयोग नहीं किए जाते हैं, तो जलन या एलर्जी का कारण बन सकते हैं।

धरती के इन उपहारों से अपनी इंद्रियों को पोषण दें और उनकी सुगंधित ऊर्जा के माध्यम से गहरे विश्राम और आत्मा के साथ जुड़ाव का अनुभव करें।

18

चक्र जर्नलिंग: अपने आंतरिक परिदृश्य की खोज

चक्र जर्नलिंग एक परिवर्तनकारी अभ्यास है जो आत्म-चिंतन की शक्ति को चक्र प्रणाली की ज्ञान से जोड़ता है। यह प्रभावशाली उपकरण हमें अपने आंतरिक परिदृश्य में गहराई से उतरने की अनुमति देता है, जहां हम अपने शारीरिक, भावनात्मक और आध्यात्मिक स्वरूप की जटिल परतों का पता लगा सकते हैं। प्रत्येक चक्र से जर्नलिंग के माध्यम से जुड़कर, हम अपने पैटर्न, विश्वासों और व्यवहारों के बारे में मूल्यवान अंतर्दृष्टि प्राप्त कर सकते हैं, जो अंततः आत्म-जागरूकता, उपचार और व्यक्तिगत विकास की ओर ले जाती है।

चक्र जर्नलिंग अपने मूल में आत्म-अभिव्यक्ति का एक रूप है, जो हमें अपनी आंतरिक बुद्धिमत्ता और प्रामाणिकता से जुड़ने के लिए प्रेरित करता है। कागज पर कलम रखते ही, हम अपने विचारों, भावनाओं और भावों को बिना किसी निर्णय या आलोचना के स्वतंत्र रूप से प्रवाहित करने के लिए एक सुरक्षित स्थान बनाते हैं। आत्म-चिंतन की यह प्रक्रिया हमें स्पष्टता प्राप्त करने, पैटर्न की पहचान करने और अपने बारे में छिपे हुए सत्य को उजागर करने की अनुमति देती है।

प्रत्येक चक्र हमारे अस्तित्व के विशिष्ट पहलुओं से मेल खाता है, जिसमें शारीरिक, भावनात्मक, मानसिक और आध्यात्मिक आयाम शामिल हैं। प्रत्येक चक्र के बारे

में जर्नलिंग करने से हम यह समझ सकते हैं कि ये विभिन्न पहलू कैसे आपस में जुड़े हुए हैं और वे हमारी समग्र भलाई में कैसे योगदान करते हैं। प्रत्येक चक्र की अनूठी ऊर्जा और प्रतीकवाद का पता लगाकर, हम अपनी ताकत, कमजोरियों और विकास के क्षेत्रों के बारे में मूल्यवान अंतर्दृष्टि प्राप्त कर सकते हैं।

मूलाधार चक्र, जो हमारी स्थिरता, स्थायित्व और सुरक्षा की भावना से जुड़ा है, उन जर्नलिंग संकेतों के माध्यम से खोजा जा सकता है, जो हमें अपनी बुनियादी आवश्यकताओं, भौतिक संसार के साथ हमारे संबंध और हमारी संबंधितता की भावना पर चिंतन करने के लिए प्रेरित करते हैं। प्रश्न जैसे "मुझे क्या स्थिर और सुरक्षित महसूस कराता है?" या "मैं अपने शरीर और पृथ्वी से कैसे जुड़ता हूं?" हमें इस चक्र की गहरी समझ प्राप्त करने और किसी भी असंतुलन या अवरोधों की पहचान करने में मदद कर सकते हैं।

स्वाधिष्ठान चक्र, जो हमारी रचनात्मकता, जुनून और कामुकता से जुड़ा है, उन जर्नलिंग संकेतों के माध्यम से खोजा जा सकता है जो हमें अपनी इच्छाओं को व्यक्त करने, अपनी भावनाओं का पता लगाने और अपनी रचनात्मक प्रवाह से जुड़ने के लिए प्रेरित करते हैं। प्रश्न जैसे "मुझे खुशी और आनंद क्या देता है?" या "मैं अपनी रचनात्मकता को कैसे व्यक्त करता हूं?" हमें इस चक्र की जीवंत ऊर्जा में टैप करने और अपनी रचनात्मक क्षमता को अनलॉक करने में मदद कर सकते हैं।

मणिपुर चक्र, जो हमारी व्यक्तिगत शक्ति, आत्म-सम्मान और आत्मविश्वास से जुड़ा है, उन जर्नलिंग संकेतों के माध्यम से खोजा जा सकता है जो हमें अपने आत्म-मूल्य, अपने लक्ष्यों और आकांक्षाओं और दुनिया में कार्रवाई करने की हमारी क्षमता पर चिंतन करने के लिए प्रेरित करते हैं। प्रश्न जैसे "मेरी ताकत और कमजोरियां क्या हैं?" या "मैं जीवन में क्या हासिल करना चाहता हूं?" हमें अपने मुख्य मूल्यों की पहचान करने, आत्मविश्वास बनाने और अपने भविष्य के लिए स्पष्ट इरादे सेट करने में मदद कर सकते हैं।

अनाहत चक्र, जो प्रेम, करुणा और क्षमा का केंद्र है, उन जर्नलिंग संकेतों के माध्यम से खोजा जा सकता है जो हमें अपने दिलों से जुड़ने, अपने प्रेम और आभार को व्यक्त करने और खुद को और दूसरों को क्षमा करने के लिए प्रेरित करते हैं।

प्रश्न जैसे "मैं किसके लिए आभारी हूं?" या "मैं अपने और दूसरों के प्रति अधिक करुणा कैसे दिखा सकता हूं?" हमें अपने और अपने आसपास की दुनिया के साथ एक अधिक प्रेमपूर्ण और करुणामय संबंध विकसित करने में मदद कर सकते हैं।

विशुद्ध चक्र, जो हमारे संचार, आत्म-अभिव्यक्ति और सत्य का नियंत्रण करता है, उन जर्नलिंग संकेतों के माध्यम से खोजा जा सकता है जो हमें अपनी सच्चाई बोलने, अपनी रचनात्मकता को व्यक्त करने और प्रामाणिक रूप से संवाद करने के लिए प्रेरित करते हैं। प्रश्न जैसे "मुझे क्या कहना है जो मैंने अभी तक नहीं कहा?" या "मैं खुद को अधिक प्रामाणिक रूप से कैसे व्यक्त कर सकता हूं?" हमें अपनी आवाज खोजने और अपने आवश्यकताओं और इच्छाओं को स्पष्टता और आत्मविश्वास के साथ संवाद करने में मदद कर सकते हैं।

आज्ञा चक्र, जो हमारे अंतर्ज्ञान, अंतर्दृष्टि और आंतरिक बुद्धिमत्ता से जुड़ा है, उन जर्नलिंग संकेतों के माध्यम से खोजा जा सकता है जो हमें अपनी सहज भावनाओं पर विश्वास करने, अपने आंतरिक मार्गदर्शन से जुड़ने और अपने अंतर्ज्ञान का उपयोग करने के लिए प्रेरित करते हैं। प्रश्न जैसे "मेरे सपने मुझे क्या बताने की कोशिश कर रहे हैं?" या "मेरा अंतर्ज्ञान मुझे किस दिशा में ले जा रहा है?" हमें अपनी आंतरिक बुद्धिमत्ता पर गहरा विश्वास विकसित करने और ऐसे निर्णय लेने में मदद कर सकते हैं जो हमारे उच्चतम कल्याण के साथ मेल खाते हैं।

सहस्रार चक्र, जो हमारे आध्यात्मिक संबंध और आत्मज्ञान का प्रतीक है, उन जर्नलिंग संकेतों के माध्यम से खोजा जा सकता है जो हमें अपने उच्चतम स्व से जुड़ने, अपनी आध्यात्मिकता का पता लगाने और जीवन के बड़े सवालों के उत्तर खोजने के लिए प्रेरित करते हैं। प्रश्न जैसे "मेरे जीवन का उद्देश्य क्या है?" या "मैं दिव्य से अधिक गहराई से कैसे जुड़ सकता हूं?" हमें अपने आध्यात्मिक अभ्यास को गहरा करने और एक अधिक सार्थक और उद्देश्यपूर्ण जीवन जीने में मदद कर सकते हैं।

चक्र जर्नलिंग एक गहराई से व्यक्तिगत और परिवर्तनकारी अभ्यास है। इसे करने का कोई सही या गलत तरीका नहीं है। कुंजी यह है कि आप अपने आप के प्रति खुले, ईमानदार और तैयार रहें। अपने चक्रों के बारे में हर दिन समय समर्पित करके, आप मूल्यवान अंतर्दृष्टि प्राप्त कर सकते हैं, भावनात्मक अवरोधों को दूर

कर सकते हैं और अपने आप और अपने आसपास की दुनिया के साथ एक गहरा संबंध विकसित कर सकते हैं।

अपने चक्र जर्नलिंग के इस यात्रा पर जाते समय, याद रखें कि यह आत्म-खोज और आत्म-चिकित्सा की प्रक्रिया है। अपने आप को धैर्य दें और अपने जर्नल से उभरने वाली बुद्धिमत्ता पर विश्वास करें। जिज्ञासा और करुणा के साथ अपने आंतरिक परिदृश्य का अन्वेषण करके, आप अपनी पूरी क्षमता को अनलॉक कर सकते हैं और ऐसा जीवन बना सकते हैं जो आपके सबसे गहरे मूल्यों और आकांक्षाओं के साथ मेल खाता हो।

19

चक्र और प्रकृति से जुड़ाव: स्थिरता और पुनर्जीवन

मनुष्य और प्रकृति के बीच की सहज कड़ी को इतिहास के हर युग में पहचाना और सराहा गया है। हम प्राकृतिक दुनिया की गोद में शांति, प्रेरणा और पुनरुत्थान पाते हैं। चक्र उपचार के संदर्भ में, प्रकृति से जुड़ाव हमारी ऊर्जा केंद्रों को स्थिर और पुनर्जीवित करने में महत्वपूर्ण भूमिका निभाता है। तत्वों में डूबकर, प्रकृति के चक्रों को अपनाकर, और पृथ्वी की लय के साथ सामंजस्य बिठाकर, हम अपने चक्रों में संतुलन, सामंजस्य और जीवन शक्ति को पुनःस्थापित कर सकते हैं।

चक्र और प्रकृति से जुड़ाव की अवधारणा इस समझ में निहित है कि हम प्राकृतिक दुनिया का अभिन्न अंग हैं, उससे अलग नहीं। हमारे शरीर, मन और आत्मा पृथ्वी से गहराई से जुड़े हुए हैं, और इस कनेक्शन को पोषित करके, हम गहन उपचार और परिवर्तन के स्रोत तक पहुँच सकते हैं। प्रत्येक चक्र विशिष्ट तत्वों और प्राकृतिक ऊर्जाओं के साथ प्रतिध्वनित होता है, और इन तत्वों के साथ सचेत रूप से बातचीत करके, हम अपने चक्रों को सक्रिय, संतुलित और पुनर्जीवित कर सकते हैं।

मूलाधार चक्र, जो पृथ्वी तत्व से जुड़ा है, हमारी स्थिरता और स्थायित्व की भावना से गहराई से जुड़ा हुआ है। प्रकृति में समय बिताना, नंगे पाँव चलना, या पेड़ के

नीचे बैठना इस चक्र को स्थिर और संतुलित करने में मदद कर सकता है। हमारे पैरों के नीचे की धरती की अनुभूति, हमारी त्वचा पर हवा का स्पर्श, और पक्षियों का मधुर संगीत हमें वर्तमान क्षण में स्थिर कर सकते हैं और हमारी जड़ों से पुनः जोड़ सकते हैं।

स्वाधिष्ठान चक्र, जो जल तत्व से जुड़ा है, तरलता, गति और कामुकता पर फलता-फूलता है। समुद्र, झीलों या नदियों जैसे जल निकायों के पास समय बिताना इस चक्र को सक्रिय और संतुलित करने में मदद कर सकता है। तैरना, स्नान करना, या बहते पानी की आवाज सुनना हमारी रचनात्मकता, जुनून और कामुकता को प्रोत्साहित कर सकता है। जल की लयबद्ध प्रवाह भी भावनात्मक अवरोधों को दूर करने और स्वाधिष्ठान क्षेत्र में ऊर्जा के स्वस्थ प्रवाह को बढ़ावा देने में मदद कर सकती है।

मणिपुर चक्र, जो अग्नि तत्व से जुड़ा है, गर्मी, प्रकाश और जीवन शक्ति से ऊर्जा प्राप्त करता है। धूप में समय बिताना, चाहे वह धूप सेंकना हो, बाहर चलना हो, या बस सूर्य की गर्मी में बैठना हो, इस चक्र को सक्रिय और संतुलित करने में मदद कर सकता है। सूर्य की किरणें हमारे चयापचय को प्रोत्साहित कर सकती हैं, हमारी ऊर्जा के स्तर को बढ़ा सकती हैं, और हमारी व्यक्तिगत शक्ति और आत्मविश्वास को बढ़ा सकती हैं। अलाव की गर्माहट या मोमबत्तियों की टिमटिमाती रोशनी भी हमारे भीतर अग्नि तत्व को जागृत कर सकती है।

अनाहत चक्र, जो वायु तत्व से जुड़ा है, खुली जगहों, ताजी हवा, और हल्की हवा पर फलता-फूलता है। प्रकृति में समय बिताना, पेड़ों, पौधों और फूलों से घिरा होना, इस चक्र को खोलने और चंगा करने में मदद कर सकता है। ताजी हवा में गहरी साँस लेना, अपनी त्वचा पर हवा को महसूस करना, और पत्तियों की सरसराहट सुनना प्रेम, करुणा और सभी जीवित प्राणियों से जुड़ाव की भावनाओं को बढ़ावा दे सकता है।

विशुद्ध चक्र, जो आकाश तत्व से जुड़ा है, स्थान की विशालता और अभिव्यक्ति की स्वतंत्रता से जुड़ा हुआ है। खुले आकाश के नीचे समय बिताना, तारों को निहारना, या बस बादलों का अवलोकन करना इस चक्र को खोलने और संतुलित करने में मदद कर सकता है। आकाश की विशालता हमें अपना सत्य बोलने, अपनी

रचनात्मकता व्यक्त करने, और अपने प्रामाणिक स्व से जुड़ने के लिए प्रेरित कर सकती है।

आज्ञा चक्र, जो प्रकाश तत्व से जुड़ा है, प्राकृतिक प्रकाश और प्रकृति की सुंदरता से उत्तेजित होता है। बाहर समय बिताना, फूलों के रंगों, पत्तियों के पैटर्न, या प्रकृति के जटिल विवरणों को देखना हमारे अंतर्ज्ञान और आंतरिक बुद्धिमत्ता को जगाने में मदद कर सकता है। प्राकृतिक दुनिया प्रतीकों और रूपकों से भरी हुई है, जो हमारे अवचेतन मन से बात कर सकते हैं, हमारे जीवन पथ पर अंतर्दृष्टि और मार्गदर्शन प्रदान कर सकते हैं।

सहस्रार चक्र, जो विचार तत्व से जुड़ा है, चेतना की विशालता और ब्रह्मांड की अनंत संभावनाओं से जुड़ा हुआ है। प्रकृति में समय बिताना, सितारों के नीचे ध्यान करना, या सृष्टि के चमत्कारों पर विचार करना इस चक्र को खोलने और संतुलित करने में मदद कर सकता है। प्रकृति की शांति और स्थिरता हमें अपने मन को शांत करने, अपने उच्च स्व से जुड़ने, और सभी के साथ एकता का अनुभव करने में मदद कर सकती है।

प्रकृति में समय बिताने के अलावा, चक्र प्रकृति से जुड़ाव को बढ़ावा देने के कई अन्य तरीके हैं। उदाहरण के लिए, बागवानी करना पृथ्वी तत्व से जुड़ने और मूलाधार चक्र को पोषित करने का एक शक्तिशाली तरीका हो सकता है। बीज बोने, पौधों की देखभाल करने, और अपने परिश्रम का फल प्राप्त करने से स्थिरता, धरती से जुड़ाव, और जीवन चक्रों की सराहना की भावना बढ़ सकती है।

वन स्नान, या शिनरिन-योकू, एक और अभ्यास है जो हमें प्राकृतिक दुनिया से गहराई से जोड़ सकता है और उपचार को बढ़ावा दे सकता है। इसमें जंगल के वातावरण में खुद को डुबोना, अपनी सभी इंद्रियों को शामिल करना, और बस पेड़ों, पौधों और जंगल के अन्य तत्वों के साथ उपस्थित रहना शामिल है। अध्ययनों से पता चला है कि वन स्नान तनाव को कम कर सकता है, रक्तचाप को कम कर सकता है, और प्रतिरक्षा प्रणाली को बढ़ावा दे सकता है।

धरती पर नंगे पाँव चलना, जिसे ग्राउंडिंग या अर्थिंग भी कहा जाता है, प्रकृति से जुड़ने और हमारे ऊर्जा तंत्र में संतुलन बहाल करने का एक सरल लेकिन

शक्तिशाली तरीका है। अपनी नंगी त्वचा को धरती की सतह के सीधे संपर्क में आने देकर, हम धरती से इलेक्ट्रॉनों को अवशोषित कर सकते हैं, जो हमारे शरीर में मुक्त कणों को निष्प्रभावी करने और सूजन को कम करने में मदद कर सकते हैं। ग्राउंडिंग नींद में सुधार, दर्द को कम करने, और समग्र भलाई को बढ़ाने में भी मदद कर सकता है।

प्रकृति-आधारित अनुष्ठानों को अपने दैनिक जीवन में शामिल करना भी चक्र प्रकृति से जुड़ाव को पोषित करने का एक शक्तिशाली तरीका हो सकता है। इसमें प्राकृतिक वस्तुओं के साथ एक वेदी बनाना, प्राकृतिक वातावरण में ध्यान या चिंतन में समय बिताना, या बस हर दिन कुछ क्षण प्राकृतिक दुनिया की सुंदरता और अद्भुतता की सराहना करना शामिल हो सकता है।

प्रकृति के साथ गहरा संबंध स्थापित करके, हम गहन उपचार और परिवर्तन के स्रोत तक पहुँच सकते हैं। प्रकृति हमें लचीलापन, अनुकूलनशीलता, और परस्पर जुड़ाव के बारे में मूल्यवान पाठ सिखा सकती है। यह हमें धीमा करने, वर्तमान क्षण की सराहना करने, और अपने प्रामाणिक स्व से जुड़ने में मदद कर सकती है। जैसे-जैसे हम प्राकृतिक दुनिया के साथ अपने संबंध को गहराते हैं, हम न केवल अपने चक्रों को पुनर्जीवित करते हैं, बल्कि ग्रह के उपचार में भी योगदान देते हैं।

20

चक्र स्वप्न: अवचेतन के संदेश

स्वप्न सहस्राब्दियों से मानवता को आकर्षित और चकित करते आए हैं, हमें हमारे अवचेतन मन की रहस्यमय गहराइयों की झलक प्रदान करते हैं। चक्र दर्शन के संदर्भ में, स्वप्न और भी गहरा महत्व प्राप्त कर लेते हैं, क्योंकि ये हमारे आंतरिक स्वरूप के संदेशवाहक के रूप में कार्य करते हैं, छुपे हुए सत्य, अनसुलझे भावनाओं और अप्रयुक्त क्षमता को उजागर करते हैं। विशेष रूप से चक्र स्वप्न हमारे ऊर्जा केंद्रों की स्थिति में मूल्यवान अंतर्दृष्टि प्रदान करते हैं, जो उपचार, विकास और आध्यात्मिक प्रगति के लिए मार्गदर्शन करते हैं। स्वप्नों में उत्पन्न होने वाले प्रतीकों, विषयों और भावनाओं पर ध्यान देकर, हम अपने अवचेतन मन से ज्ञान और मार्गदर्शन के खजाने को खोल सकते हैं।

चक्र स्वप्न की अवधारणा इस समझ पर आधारित है कि हमारे स्वप्न केवल तंत्रिका तंत्र की यादृच्छिक गतिविधियाँ नहीं हैं, बल्कि हमारे अवचेतन मन के सार्थक संदेश हैं। प्रत्येक चक्र विशिष्ट प्रतीकों, आदर्श रूपों और विषयों से जुड़ा होता है, जो हमारे स्वप्नों में प्रकट हो सकते हैं। अपने स्वप्नों के प्रतीकवाद को समझकर, हम अपने ऊर्जा केंद्रों की स्थिति के बारे में मूल्यवान जानकारी प्राप्त कर सकते हैं और उन क्षेत्रों की पहचान कर सकते हैं, जिन्हें ध्यान और उपचार की आवश्यकता है।

मूलाधार चक्र, जो हमारी स्थिरता, स्थायित्व और सुरक्षा की भावना से जुड़ा है,

"

अक्सर स्वप्नों में पृथ्वी, प्रकृति, या जानवरों की छवियों के रूप में प्रकट होता है। पीछा किए जाने, गिरने, या खो जाने के स्वप्न इस चक्र में असंतुलन को इंगित कर सकते हैं, जो असुरक्षा, भय, या अस्थिरता की भावनाओं को दर्शाता है। इसके विपरीत, जड़ें जमाने, स्थिर महसूस करने, या प्रकृति से जुड़ाव के स्वप्न एक संतुलित मूलाधार चक्र का संकेत देते हैं।

स्वाधिष्ठान चक्र, जो हमारी रचनात्मकता, जुनून और कामुकता से जुड़ा है, अक्सर स्वप्नों में जल, प्रवाहित गतियों, या रचनात्मक अभिव्यक्ति के रूप में प्रकट होता है। अंतरंगता, जुनून, या यौन अनुभवों के स्वप्न एक संतुलित स्वाधिष्ठान चक्र का संकेत दे सकते हैं, जबकि ठहराव, अरचनात्मकता, या भावनात्मक रुकावटों की भावना वाले स्वप्न इस ऊर्जा केंद्र में असंतुलन की ओर इशारा कर सकते हैं।

मणिपुर चक्र, जो हमारी व्यक्तिगत शक्ति, आत्म-सम्मान और आत्मविश्वास से जुड़ा है, अक्सर स्वप्नों में आग, सूर्य, या शक्ति और अधिकार के प्रतीकों के रूप में प्रकट होता है। लक्ष्यों को प्राप्त करने, चुनौतियों पर विजय पाने, या आत्मविश्वास और दृढ़ता महसूस करने के स्वप्न एक संतुलित मणिपुर चक्र का संकेत दे सकते हैं। हालांकि, असहायता, अपर्याप्तता, या दूसरों द्वारा नियंत्रित महसूस करने के स्वप्न इस ऊर्जा केंद्र में असंतुलन का सुझाव दे सकते हैं।

अनाहत चक्र, जो प्रेम, करुणा और क्षमा का केंद्र है, अक्सर स्वप्नों में प्रेम, संबंधों, या भावनात्मक जुड़ाव की छवियों के रूप में प्रकट होता है। प्यार, समर्थन महसूस करने, या गहरे भावनात्मक जुड़ाव का अनुभव करने के स्वप्न एक संतुलित अनाहत चक्र का संकेत दे सकते हैं। इसके विपरीत, दिल टूटने, अस्वीकृति, या भावनात्मक दर्द के स्वप्न इस ऊर्जा केंद्र में असंतुलन की ओर इशारा कर सकते हैं।

विशुद्ध चक्र, जो हमारे संचार, आत्म-अभिव्यक्ति और सत्य का नियंत्रण करता है, अक्सर स्वप्नों में बोलने, गाने, या लिखने की छवियों के रूप में प्रकट होता है। खुद को स्पष्ट और आत्मविश्वास से व्यक्त करने वाले स्वप्न एक संतुलित विशुद्ध चक्र का संकेत दे सकते हैं, जबकि चुप रहने, बोलने में असमर्थ होने, या गलत समझे जाने की भावना वाले स्वप्न इस ऊर्जा केंद्र में असंतुलन का सुझाव दे

सकते हैं।

आज्ञा चक्र, जो हमारे अंतर्ज्ञान, अंतर्दृष्टि और आंतरिक बुद्धिमत्ता से जुड़ा है, अक्सर स्वप्नों में प्रकाश, दृष्टि, या आध्यात्मिक प्रतीकों के रूप में प्रकट होता है। मार्गदर्शन प्राप्त करने, दृष्टियां देखने, या बढ़े हुए अंतर्ज्ञान का अनुभव करने वाले स्वप्न एक संतुलित आज्ञा चक्र का संकेत दे सकते हैं। हालांकि, भ्रम, अस्पष्टता, या अंधेरे में होने के स्वप्न इस ऊर्जा केंद्र में असंतुलन का सुझाव दे सकते हैं।

सहस्रार चक्र, जो हमारे आध्यात्मिक संबंध और आत्मज्ञान का प्रतीक है, अक्सर स्वप्नों में ब्रह्मांड, आध्यात्मिक आकृतियों, या उत्थान के प्रतीकों के रूप में प्रकट होता है। दिव्यता से जुड़े होने, ब्रह्मांड के साथ एकता का अनुभव करने, या आध्यात्मिक मार्गदर्शन प्राप्त करने वाले स्वप्न एक संतुलित सहस्रार चक्र का संकेत दे सकते हैं। हालांकि, असंबद्ध, खोए हुए, या आध्यात्मिक रूप से भटके होने के स्वप्न इस ऊर्जा केंद्र में असंतुलन का सुझाव दे सकते हैं।

अपने चक्र स्वप्नों पर ध्यान देना हमारे भावनात्मक, मानसिक, और आध्यात्मिक कल्याण में मूल्यवान अंतर्दृष्टि प्रदान कर सकता है। स्वप्नों में उत्पन्न होने वाले प्रतीकों, विषयों और भावनाओं का विश्लेषण करके, हम अपने जीवन के उन क्षेत्रों की पहचान कर सकते हैं, जिन्हें ध्यान और उपचार की आवश्यकता है। हम अपने स्वप्नों को व्यक्तिगत विकास और आध्यात्मिक प्रगति के उपकरण के रूप में भी उपयोग कर सकते हैं, जिससे वे हमें अधिक आत्म-जागरूकता, संतुलन और सामंजस्यपूर्ण जीवन की ओर मार्गदर्शन कर सकें।

चक्र स्वप्नों के साथ काम करने के कई तरीके हैं। एक तरीका है स्वप्न डायरी रखना, जिसमें आप जागने के तुरंत बाद अपने स्वप्नों को रिकॉर्ड करते हैं। लिखते समय, अपने स्वप्न के विवरणों पर ध्यान दें, जिसमें पात्र, परिवेश, प्रतीक, और भावनाएँ शामिल हैं। आप स्वप्न शब्दकोश या अन्य संसाधनों का उपयोग करके अपने स्वप्न के प्रतीकों की व्याख्या करने में सहायता प्राप्त कर सकते हैं।

एक अन्य दृष्टिकोण सक्रिय कल्पना में शामिल होना है, एक तकनीक जिसे कार्ल जंग ने विकसित किया था, जिसमें आप अपने स्वप्न में पात्रों और प्रतीकों के साथ

सचेत रूप से बातचीत करते हैं। इससे आपको अपने स्वप्न के अर्थ और उसके जागरूक जीवन से संबंध के बारे में गहरी अंतर्दृष्टि प्राप्त करने में मदद मिल सकती है। आप अपने चक्रों से जुड़ने और अपने स्वप्नों द्वारा प्रेषित संदेशों का पता लगाने के लिए निर्देशित ध्यान या कल्पनाएँ भी उपयोग कर सकते हैं।

हमारे स्वप्न हमें उपचार, विकास और परिवर्तन के लिए शक्तिशाली उपकरण के रूप में सेवा प्रदान कर सकते हैं। वे हमें अपने आत्मिक सफर की गहरी समझ प्रदान कर सकते हैं और हमें एक संतुलित, सामंजस्यपूर्ण और संतोषजनक जीवन की ओर मार्गदर्शन कर सकते हैं।

21

चक्र संबंध: ऊर्जात्मक गतिशीलता और जुड़ाव

मानवीय संबंध, अपनी जटिलता और सुंदरता में, उन ऊर्जात्मक नृत्यों का प्रतिबिंब हैं जो व्यक्तियों के बीच होते हैं। यह ऊर्जात्मक परस्पर क्रिया हमारे चक्र प्रणाली से गहराई से जुड़ी होती है, जो सात ऊर्जा केंद्र हमारे शारीरिक, भावनात्मक और आध्यात्मिक कल्याण के विभिन्न पहलुओं को नियंत्रित करते हैं। संबंधों के संदर्भ में चक्रों के बीच की गतिशीलता और जुड़ाव को समझने से उन चुनौतियों और अवसरों में मूल्यवान अंतर्दृष्टि प्राप्त होती है जो एक या अधिक व्यक्तियों के एक साथ आने पर उत्पन्न होती हैं।

हर चक्र, रीढ़ की जड़ में स्थित मूलाधार चक्र से लेकर सिर के शीर्ष पर स्थित सहस्रार चक्र तक, हमारे दूसरों के साथ परस्पर संबंधों को आकार देने में अनोखी भूमिका निभाता है। मूलाधार चक्र, जो सुरक्षा, स्थिरता, और संबंधित होने की भावना से जुड़ा है, हमारे स्थिर और आधारभूत संबंध बनाने की क्षमता को प्रभावित करता है। जब यह चक्र संतुलित होता है, तो हम अपने संबंधों में सुरक्षित और स्थिर महसूस करते हैं, अपने साथियों पर विश्वास कर पाते हैं। हालांकि, यदि यह चक्र असंतुलित होता है, तो हम अंतरंगता के डर, अत्यधिक आसक्ति, या संबंधों को विफल करने की प्रवृत्ति का अनुभव कर सकते हैं।

स्वाधिष्ठान चक्र, जो हमारी रचनात्मकता, जुनून और कामुकता से जुड़ा है, हमारे रोमांटिक और अंतरंग संबंधों में महत्वपूर्ण भूमिका निभाता है। जब यह चक्र

संतुलित होता है, तो हम अपने संबंधों में यौन ऊर्जा, भावनात्मक निकटता, और रचनात्मक अभिव्यक्ति का स्वस्थ प्रवाह अनुभव करते हैं। हालांकि, यदि यह चक्र असंतुलित होता है, तो हम कम यौन इच्छा, भावनात्मक अलगाव, या अपने संबंधों में रचनात्मकता की कमी से जूझ सकते हैं।

मणिपुर चक्र, जो व्यक्तिगत शक्ति, आत्म-सम्मान, और आत्मविश्वास से जुड़ा है, हमारी खुद को स्थापित करने, सीमाएँ तय करने, और स्वस्थ संबंध बनाए रखने की क्षमता को प्रभावित करता है। जब यह चक्र संतुलित होता है, तो हम अपने संबंधों में आत्मविश्वासी और सशक्त महसूस करते हैं, अपने जरूरतों और इच्छाओं को बिना किसी डर या अस्वीकृति के व्यक्त कर पाते हैं। हालांकि, यदि यह चक्र असंतुलित होता है, तो हम अत्यधिक नियंत्रित करने वाले, प्रभुत्वकारी, या अप्रत्यक्ष रूप से आक्रामक हो सकते हैं।

अनाहत चक्र, जो प्रेम, करुणा, और क्षमा का केंद्र है, दूसरों के साथ हमारे भावनात्मक संबंधों का मुख्य हिस्सा है। जब यह चक्र संतुलित होता है, तो हम अपने साथियों, दोस्तों, और परिवार के सदस्यों के लिए गहरे प्रेम, सहानुभूति, और करुणा का अनुभव करते हैं। हम पिछले दर्द को माफ कर सकते हैं, शिकायतें छोड़ सकते हैं, और स्वस्थ, प्रेमपूर्ण संबंध बना सकते हैं। हालांकि, यदि यह चक्र असंतुलित होता है, तो हम अलगाव, अकेलापन, या भावनात्मक दूरी की भावना से जूझ सकते हैं।

विशुद्ध चक्र, जो हमारे संवाद, आत्म-अभिव्यक्ति, और सत्य को नियंत्रित करता है, हर प्रकार के संबंधों में महत्वपूर्ण भूमिका निभाता है। जब यह चक्र संतुलित होता है, तो हम दूसरों के साथ खुले और ईमानदार तरीके से संवाद करते हैं, अपने विचारों और भावनाओं को स्पष्टता और आत्मविश्वास के साथ व्यक्त करते हैं। हम दूसरों को गहराई से और सहानुभूति के साथ सुनने में भी सक्षम होते हैं, समझ और जुड़ाव को बढ़ावा देते हैं। हालांकि, यदि यह चक्र असंतुलित होता है, तो हमें संवाद की कठिनाइयाँ, बोलने के डर, या अपने सच्चे स्वरूप को छिपाने की प्रवृति का सामना करना पड़ सकता है।

आज्ञा चक्र, जो अंतर्ज्ञान, अंतर्दृष्टि, और आंतरिक बुद्धिमत्ता से जुड़ा है, हमें सतह से परे देखने और अपने संबंधों में गहरे सत्य को समझने की अनुमति देता है।

जब यह चक्र संतुलित होता है, तो हम अपने अंतर्ज्ञान पर भरोसा कर सकते हैं और ऐसे निर्णय ले सकते हैं जो हमारे उच्चतम हित में हों। हम अपने साथियों के मुखौटे और दिखावे से परे देख सकते हैं, उनके वास्तविक प्रेरणाओं और इरादों को समझ सकते हैं। हालांकि, यदि यह चक्र असंतुलित होता है, तो हम अत्यधिक विश्लेषणात्मक, निर्णयात्मक, या दूसरों के प्रति संदेहशील हो सकते हैं।

सहस्रार चक्र, जो हमारी आध्यात्मिक कनेक्शन और ज्ञान का प्रतिनिधित्व करता है, दूसरों के साथ गहरे, आत्मीय स्तर पर जुड़ने की हमारी क्षमता को प्रभावित करता है। जब यह चक्र संतुलित होता है, तो हम सृष्टि के सभी हिस्सों के साथ एकता की भावना का अनुभव करते हैं, अहंकार की सीमाओं को पार करते हुए बिना शर्त प्यार और स्वीकृति को अपनाते हैं। हम दूसरों में दिव्य चिंगारी को देख सकते हैं और उनके साथ गहरे, आध्यात्मिक स्तर पर जुड़ सकते हैं। हालांकि, यदि यह चक्र असंतुलित होता है, तो हमें दूसरों से अलगाव, आध्यात्मिक भटकाव, या सहानुभूति और करुणा की कमी महसूस हो सकती है।

संबंधों में चक्रों की ऊर्जात्मक गतिशीलता को समझने से हमें चुनौतियों को नेविगेट करने और दूसरों के साथ अपने जुड़ाव को गहरा करने में मदद मिलती है। अपने चक्र असंतुलन के प्रति जागरूक होकर और उन्हें ठीक करने और संतुलित करने की दिशा में काम करके, हम अपने संवाद में सुधार कर सकते हैं, विश्वास बना सकते हैं, और अधिक संतोषजनक और सामंजस्यपूर्ण संबंध बना सकते हैं। हम दूसरों के चक्र असंतुलन को पहचानने और उसका सम्मान करने के साथ-साथ आलोचना या निर्णय के बजाय करुणा और समर्थन प्रदान करना भी सीख सकते हैं।

चक्र उपचार प्रथाओं को अपने संबंधों में शामिल करके, हम अपने और अपने प्रियजनों के लिए एक अधिक प्रेमपूर्ण, सहायक, और संतोषजनक वातावरण बना सकते हैं। इसमें योग, ध्यान, या ऊर्जा उपचार जैसी गतिविधियों में संलग्न होना शामिल हो सकता है जो प्रत्येक चक्र को उत्तेजित और संतुलित करती हैं। इसमें सक्रिय सुनना, अपनी जरूरतों और इच्छाओं को स्पष्ट रूप से व्यक्त करना, और स्वस्थ सीमाएँ निर्धारित करना भी शामिल हो सकता है।

चक्र संबंध मानवीय संबंधों की जटिलताओं पर एक अनूठा दृष्टिकोण प्रदान करते

हैं, हमारे दूसरों के साथ अंतःक्रियाओं को आकार देने वाली ऊर्जात्मक गतिशीलता में मूल्यवान अंतर्दृष्टि प्रदान करते हैं। अपने चक्रों के प्रति जागरूकता और समझ को विकसित करके, हम अधिक प्रामाणिक, अर्थपूर्ण, और संतोषजनक संबंध बना सकते हैं जो हमारे विकास और कल्याण का समर्थन करते हैं।

22

चक्र छाया कार्य: अंधकार को समाहित और रूपांतरित करना

चक्र छाया कार्य: अंधकार को समाहित और रूपांतरित करना

हमारे अस्तित्व की जटिल संरचना में, चक्र चमकीले ऊर्जा केंद्र हैं, जिनमें प्रकाश और छाया दोनों पहलू मौजूद होते हैं। जहां हम अक्सर प्रत्येक चक्र से जुड़ी सकारात्मक विशेषताओं को विकसित करने पर ध्यान केंद्रित करते हैं, वहीं हमारे छाया पहलुओं को स्वीकार करना और उन्हें समाहित करना समग्र कल्याण और आध्यात्मिक विकास के लिए उतना ही महत्वपूर्ण है। चक्र छाया कार्य एक परिवर्तनकारी प्रक्रिया है जो हमारे अवचेतन की गहराइयों में उतरकर हमारे दबे हुए भावनाओं, डर और सीमित मान्यताओं को उजागर करती है। इन छुपे हुए पहलुओं पर प्रकाश डालने के द्वारा, हम मूल्यवान अंतर्दृष्टि प्राप्त कर सकते हैं, भावनात्मक अवरोधों को मुक्त कर सकते हैं, और अंततः अपने अंधकार को प्रकाश में बदल सकते हैं।

छाया कार्य, एक अवधारणा जिसे मनोवैज्ञानिक कार्ल जुंग ने लोकप्रिय बनाया, हमारे व्यक्तित्व के उन अवचेतन पहलुओं का सामना करने और उन्हें समाहित करने में शामिल है जिन्हें हम अक्सर नकारते, दबाते, या दूसरों पर प्रक्षेपित करते हैं। ये छाया पहलू नकारात्मक भावनाओं, विनाशकारी व्यवहारों, या सीमित

मान्यताओं के रूप में प्रकट हो सकते हैं जो हमें अपनी पूरी क्षमता तक पहुंचने से रोकते हैं। चक्र छाया कार्य विशेष रूप से प्रत्येक ऊर्जा केंद्र से जुड़े छाया पहलुओं पर ध्यान केंद्रित करता है, जो उपचार और रूपांतरण के लिए एक मार्ग प्रदान करता है।

मूलाधार चक्र, जो हमारी सुरक्षा, स्थिरता और संबंधितता की भावना से जुड़ा है, भय, असुरक्षा और अस्तित्व की चिंताओं की छायाओं को धारण कर सकता है। ये छायाएं परित्याग के डर, वित्तीय असुरक्षा, या अस्वस्थ संबंधों से चिपके रहने की प्रवृत्ति के रूप में प्रकट हो सकती हैं। इन छायाओं को स्वीकार और समाहित करके, हम आत्म-मूल्य, सुरक्षा और ब्रह्मांड पर विश्वास की मजबूत भावना विकसित कर सकते हैं।

स्वाधिष्ठान चक्र, जो हमारी रचनात्मकता, जुनून और कामुकता से जुड़ा है, शर्म, अपराधबोध और यौन दमन की छायाओं को धारण कर सकता है। ये छायाएं अंतरंगता के डर, कम यौन इच्छा, या रचनात्मकता की कमी के रूप में प्रकट हो सकती हैं। इन छायाओं को स्वीकार करके, हम अपनी कामुकता को पुनः प्राप्त कर सकते हैं, अपनी रचनात्मक क्षमता को मुक्त कर सकते हैं, और जीवन में अधिक आनंद और खुशी का अनुभव कर सकते हैं।

मणिपुर चक्र, जो हमारी व्यक्तिगत शक्ति, आत्म-सम्मान, और आत्मविश्वास से जुड़ा है, असुरक्षा, आत्म-संदेह, और विफलता के डर की छायाओं को धारण कर सकता है। ये छायाएं नियंत्रण की आवश्यकता, आक्रामकता, या आत्म-विनाश की प्रवृत्ति के रूप में प्रकट हो सकती हैं। इन छायाओं को स्वीकार और समाहित करके, हम आत्मविश्वास, दृढ़ता, और व्यक्तिगत शक्ति की एक स्वस्थ भावना विकसित कर सकते हैं।

अनाहत चक्र, जो प्रेम, करुणा, और क्षमा का केंद्र है, दुःख, आक्रोश, और भावनात्मक पीड़ा की छायाओं को धारण कर सकता है। ये छायाएं अंतरंगता के डर, प्रेम देने या प्राप्त करने में कठिनाई, या शिकायतें रखने की प्रवृत्ति के रूप में प्रकट हो सकती हैं। इन छायाओं को स्वीकार करके, हम पुराने घावों को ठीक कर सकते हैं, अपने और दूसरों के लिए करुणा विकसित कर सकते हैं, और प्रेम और क्षमा के लिए अपने दिल को खोल सकते हैं।

विशुद्ध चक्र, जो हमारे संवाद, आत्म-अभिव्यक्ति, और सत्य को नियंत्रित करता है, बोलने के डर, असत्यता, और प्रामाणिकता की कमी की छायाओं को धारण कर सकता है। ये छायाएं गपशप करने, झूठ बोलने, या अपनी सच्ची भावनाओं को छुपाने की प्रवृत्ति के रूप में प्रकट हो सकती हैं। इन छायाओं को स्वीकार और समाहित करके, हम स्पष्टता, ईमानदारी, और सत्यनिष्ठा के साथ संवाद करना सीख सकते हैं।

आज्ञा चक्र, जो अंतर्ज्ञान, अंतर्दृष्टि, और आंतरिक बुद्धिमत्ता से जुड़ा है, संदेह, भ्रम, और भ्रांति की छायाओं को धारण कर सकता है। ये छायाएं हमारे अंतर्ज्ञान पर भरोसा करने की कमी, अधिक विचार करने की प्रवृत्ति, या अज्ञात के डर के रूप में प्रकट हो सकती हैं। इन छायाओं को स्वीकार करके, हम स्पष्टता, विवेक, और आंतरिक मार्गदर्शन में विश्वास विकसित कर सकते हैं।

सहस्रार चक्र, जो हमारी आध्यात्मिक कनेक्शन और ज्ञान का प्रतिनिधित्व करता है, आध्यात्मिक अहंकार, ईश्वर से अलगाव, और विश्वास की कमी की छायाओं को धारण कर सकता है। ये छायाएं श्रेष्ठता की भावना, निर्णयात्मकता, या ईश्वर की इच्छा के प्रति समर्पण के डर के रूप में प्रकट हो सकती हैं। इन छायाओं को स्वीकार और समाहित करके, हम अपनी आध्यात्मिक कनेक्शन को गहरा कर सकते हैं, विनम्रता विकसित कर सकते हैं, और सभी प्राणियों की पारस्परिकता को अपनाते हैं।

चक्र छाया कार्य में ध्यान, कल्पना, जर्नलिंग, और थेरेपी सहित विभिन्न अभ्यास और तकनीकें शामिल होती हैं। ध्यान हमें मन को शांत करने और अपने आंतरिक स्व से जुड़ने में मदद कर सकता है, जिससे हमारी छाया पहलुओं के उभरने के लिए स्थान बनता है। कल्पना का उपयोग हमारी छाया पहलुओं का पता लगाने और समझने के लिए किया जा सकता है, जबकि जर्नलिंग हमें अपनी भावनाओं को संसाधित करने और अपने पैटर्न और व्यवहारों में अंतर्दृष्टि प्राप्त करने में मदद कर सकता है। थेरेपी हमें अपनी छायाओं का पता लगाने और उन्हें अपनी जागरूकता में समाहित करने के लिए रणनीतियाँ विकसित करने के लिए एक सुरक्षित और सहायक स्थान प्रदान कर सकती है।

चक्र छाया कार्य को करुणा, धैर्य, और अपने गहरे भय और असुरक्षाओं का सामना करने की इच्छा के साथ करना महत्वपूर्ण है। यह प्रक्रिया कभी-कभी चुनौतीपूर्ण और असुविधाजनक हो सकती है, लेकिन यह अविश्वसनीय रूप से पुरस्कृत भी होती है। अपनी छाया पहलुओं को अपनाकर, हम उन्हें अपनी संपूर्णता में समाहित कर सकते हैं, जिससे अधिक आत्म-जागरूकता, भावनात्मक स्वतंत्रता, और आध्यात्मिक विकास प्राप्त होता है।

चक्र छाया कार्य हमारे छाया पहलुओं को समाप्त करने के बारे में नहीं है, बल्कि उन्हें हमारी संपूर्णता के हिस्से के रूप में अपनाने के बारे में है। अपने अंधकार को स्वीकार और स्वीकार करके, हम उससे सीख सकते हैं, उससे आगे बढ़ सकते हैं, और अंततः इसे प्रकाश में बदल सकते हैं। यह समावेशन प्रक्रिया हमें अधिक प्रामाणिक रूप से जीने, अपने आप को पूरी तरह व्यक्त करने, और अपने अस्तित्व की संपूर्णता को अपनाने की अनुमति देती है।

अंततः, चक्र छाया कार्य आत्म-खोज और आत्म-स्वीकृति की यात्रा है। यह एक प्रक्रिया है जिसके लिए साहस, करुणा, और हमारे गहरे भय और असुरक्षाओं का सामना करने की इच्छा की आवश्यकता होती है। हालांकि, इसके पुरस्कार असीम हैं। अपने छाया पहलुओं को समाहित करके, हम अतीत की सीमाओं से खुद को मुक्त कर सकते हैं, पुराने घावों को ठीक कर सकते हैं, और मानव प्राणियों के रूप में अपनी पूरी क्षमता तक पहुंच सकते हैं।

23

चक्र जागरण: आत्म-खोज की यात्रा

चक्र जागरण एक गहरी और परिवर्तनकारी आत्म-खोज की यात्रा है, जो हमारी पूरी क्षमता को अनलॉक करने और हमारे अस्तित्व की संपूर्णता को अपनाने की प्रक्रिया है। यह एक यात्रा है जो हमें अपने भीतर गहराई से ले जाती है, हमारे शारीरिक, मानसिक, और आध्यात्मिक आत्म के जटिल पहलुओं का अन्वेषण करती है। जैसे ही हम प्रत्येक चक्र को जागृत करते हैं, हम नई जागरूकता, समझ और ब्रह्मांड से जुड़ाव के नए स्तरों तक पहुँचते हैं। यह यात्रा हमेशा आसान नहीं होती, लेकिन यह अत्यधिक फायदेमंद होती है, जो हमें अधिक आत्म-प्रेम, करुणा और आंतरिक शांति की ओर ले जाती है।

चक्र जागरण की अवधारणा प्राचीन पूर्वी परंपराओं में निहित है, जो मानव शरीर को सात प्रमुख चक्रों से बना एक जटिल ऊर्जा प्रणाली मानती हैं। ये चक्र ऊर्जा के घूमते हुए पहिये की तरह होते हैं, जिनका प्रत्येक शरीर के एक विशेष क्षेत्र और हमारे अस्तित्व के एक विशिष्ट पहलू से संबंध होता है। जब हमारे चक्र संतुलित होते हैं और स्वतंत्र रूप से प्रवाहित होते हैं, तो हम आदर्श स्वास्थ्य और कल्याण का अनुभव करते हैं। हालांकि, जब हमारे चक्र अवरुद्ध या असंतुलित होते हैं, तो हम शारीरिक, मानसिक या आध्यात्मिक असंगति का अनुभव कर सकते हैं।

चक्र जागरण में इन ऊर्जा केंद्रों को सक्रिय और संतुलित करने के लिए एक जागरूक प्रयास किया जाता है, जिससे अवरोधों को हटाया जाता है और ऊर्जा के

प्राकृतिक प्रवाह को बहाल किया जाता है। इस प्रक्रिया को विभिन्न प्रथाओं जैसे ध्यान, योग, ऊर्जा चिकित्सा, और जीवनशैली में बदलाव के माध्यम से शुरू किया जा सकता है। चक्र जागरण की यात्रा प्रत्येक व्यक्ति के लिए अद्वितीय होती है, क्योंकि यह हमारे व्यक्तिगत अनुभवों, विश्वासों और कर्मों के पैटर्न से प्रभावित होती है। हालांकि, इस यात्रा में सामान्य अनुभव और विषय होते हैं जिन्हें कई लोग रास्ते में महसूस करते हैं।

मूलाधार चक्र, जो रीढ़ की हड्डी के निचले हिस्से में स्थित होता है, आमतौर पर हमारे गहरे डर और असुरक्षाओं का सामना करने में शामिल होता है। यह चक्र हमारी सुरक्षा, स्थिरता, और संबंधितता की भावना से जुड़ा होता है, और जब यह अवरुद्ध होता है, तो हम चिंता, डर, या अपने शरीर से असंबद्धता का अनुभव कर सकते हैं। जैसे ही हम इस चक्र को ठीक करने और संतुलित करने का काम करते हैं, हम दबे हुए भावनाओं, पुराने आघातों या सीमित विश्वासों से टकरा सकते हैं जिन्हें संबोधित करने की आवश्यकता होती है। यह प्रक्रिया चुनौतीपूर्ण हो सकती है, लेकिन यह अत्यधिक मुक्तिदायक भी होती है, क्योंकि हम पुराने घावों को मुक्त करते हैं और अपने जीवन के लिए एक मजबूत आधार बनाते हैं।

स्वाधिष्ठान चक्र, जो नाभि के ठीक नीचे स्थित होता है, आमतौर पर हमारी रचनात्मकता, जुनून, और कामुकता की खोज में शामिल होता है। यह चक्र हमारे भावनाओं, रिश्तों, और रचनात्मक अभिव्यक्ति से जुड़ा होता है, और जब यह अवरुद्ध होता है, तो हम भावनात्मक सुस्ती, रचनात्मकता की कमी, या अंतरंग संबंधों को बनाने में कठिनाई का अनुभव कर सकते हैं। जैसे ही हम इस चक्र को ठीक करने और संतुलित करने का काम करते हैं, हम उन दबे हुए प्रतिभाओं, जुनूनों या इच्छाओं को खोज सकते हैं जो दबाई गई थीं। यह प्रक्रिया उत्साही और जीवंत हो सकती है, क्योंकि हम अपनी रचनात्मक आत्मा से पुनः जुड़ते हैं और अपनी कामुकता को अपनाते हैं।

मणिपुर चक्र, जो ऊपरी पेट में स्थित होता है, आमतौर पर हमारी शक्ति, नियंत्रण, और आत्म-सम्मान से जुड़ी समस्याओं का सामना करने में शामिल होता है। यह चक्र हमारी व्यक्तिगत शक्ति, आत्म-सम्मान, और उद्देश्य की भावना से जुड़ा होता है, और जब यह अवरुद्ध होता है, तो हम आत्म-सम्मान की कमी, आत्मविश्वास की कमी, या शक्ति की कमी का अनुभव कर सकते हैं। जैसे ही हम

इस चक्र को ठीक करने और संतुलित करने का काम करते हैं, हमें आत्म-नाश या नकारात्मक आत्म-चर्चा के पैटर्न को संबोधित करने की आवश्यकता हो सकती है। यह प्रक्रिया चुनौतीपूर्ण हो सकती है, लेकिन यह भी सशक्त बनाने वाली होती है, क्योंकि हम अपनी व्यक्तिगत शक्ति को पुनः प्राप्त करते हैं और अपनी असली क्षमता में कदम रखते हैं।

अनाहत चक्र, जो हृदय के केंद्र में स्थित होता है, आमतौर पर प्रेम, करुणा, और क्षमा की ओर हमारे दिलों को खोलने की प्रक्रिया में शामिल होता है। यह चक्र हमारे दूसरों से जुड़ने, सहानुभूति अनुभव करने, और खुद और दूसरों को क्षमा करने की क्षमता से जुड़ा होता है। जब यह अवरुद्ध होता है, तो हम अलगाव, आक्रोश, या भावनात्मक सन्नाटा का अनुभव कर सकते हैं। जैसे ही हम इस चक्र को ठीक करने और संतुलित करने का काम करते हैं, हमें पुराने आघातों का सामना करना पड़ सकता है, शिकायतों को छोड़ना पड़ सकता है, और अपने और दूसरों के साथ एक अधिक प्रेमपूर्ण और करुणामय संबंध विकसित करना पड़ सकता है। यह प्रक्रिया भावनात्मक रूप से तीव्र हो सकती है, लेकिन यह अत्यधिक उपचारात्मक होती है, क्योंकि हम प्रेम और क्षमा के लिए अपने दिल को खोलते हैं।

विशुद्ध चक्र, जो हमारी संवाद, आत्म-अभिव्यक्ति, और सत्य से जुड़ा होता है, आमतौर पर हमारे सत्य को बोलने और अपनी आवाज़ को व्यक्त करने के प्रयास में शामिल होता है। यह चक्र हमारे संवाद, आत्म-अभिव्यक्ति, और प्रामाणिकता से जुड़ा होता है, और जब यह अवरुद्ध होता है, तो हम संवाद में कठिनाई, बोलने के डर, या अपने सच्चे आत्म को छुपाने की प्रवृत्ति का अनुभव कर सकते हैं। जैसे ही हम इस चक्र को ठीक करने और संतुलित करने का काम करते हैं, हमें अपनी आलोचना या अस्वीकृति के डर का सामना करना पड़ सकता है और हमें आत्मविश्वास और स्पष्टता के साथ अपने सत्य को बोलने की आवश्यकता हो सकती है। यह प्रक्रिया सशक्त बनाने वाली हो सकती है, क्योंकि हम अपनी आवाज़ को पाते हैं और स्वयं को प्रामाणिक रूप से व्यक्त करते हैं।

आज्ञा चक्र, जो हमारी अंतर्ज्ञान, अंतर्दृष्टि, और आंतरिक बुद्धिमत्ता से जुड़ा होता है, आमतौर पर हमारी अंतर्दृष्टि और स्पष्टता को विकसित करने की प्रक्रिया में शामिल होता है। यह चक्र हमारी दृष्टि, कल्पना, और उच्च चेतना से जुड़ा होता है, और जब यह अवरुद्ध होता है, तो हम भ्रम, अस्पष्टता, या हमारे अंतर्ज्ञान

पर विश्वास की कमी का अनुभव कर सकते हैं। जैसे ही हम इस चक्र को ठीक करने और संतुलित करने का काम करते हैं, हम अपनी मानसिक स्पष्टता को बढ़ा सकते हैं, अपनी रचनात्मकता को बढ़ा सकते हैं, और अपनी आध्यात्मिक मार्ग पर अपनी कनेक्शन को गहरा कर सकते हैं। यह प्रक्रिया प्रबोधनकारी हो सकती है, क्योंकि हम नई जागरूकता और समझ के स्तर तक पहुँचते हैं।

सहस्रार चक्र, जो हमारे आध्यात्मिक कनेक्शन और ज्ञान का प्रतिनिधित्व करता है, आमतौर पर हमारे आध्यात्मिक सार से जुड़ने और ब्रह्मांड के साथ एकता का अनुभव करने की प्रक्रिया में शामिल होता है। यह चक्र हमारे दिव्य से जुड़ने, आध्यात्मिक ज्ञान और परिष्कार से जुड़ा होता है, और जब यह अवरुद्ध होता है, तो हम अपनी आध्यात्मिकता से असंबद्ध, उद्देश्य की कमी, या दुनिया से अलगाव का अनुभव कर सकते हैं। जैसे ही हम इस चक्र को ठीक करने और संतुलित करने का काम करते हैं, हम अपने ध्यान अभ्यास को गहरा सकते हैं, विभिन्न आध्यात्मिक पथों का अन्वेषण कर सकते हैं, और जीवन के लिए आभार और सराहना की अधिक भावना विकसित कर सकते हैं। यह प्रक्रिया परिवर्तनकारी हो सकती है, क्योंकि हम चेतना में एक गहरी परिवर्तन अनुभव करते हैं और अपनी असली आत्म से जुड़ने की प्रक्रिया में आते हैं।

चक्र जागरण की यात्रा एक जीवनभर चलने वाली आत्म-खोज, विकास, और रूपांतरण की प्रक्रिया है। यह एक यात्रा है जिसके लिए धैर्य, प्रतिबद्धता, और हमारे अस्तित्व की गहराइयों का अन्वेषण करने की इच्छा की आवश्यकता होती है। जैसे ही हम प्रत्येक चक्र को जागृत करते हैं, हम परवरिश और सीमित विश्वासों की परतों को हटा देते हैं, जिससे हमारे असली सार और दिव्य से जुड़ाव का खुलासा होता है। यह यात्रा हमेशा आसान नहीं होती, लेकिन यह अत्यधिक फायदेमंद होती है, जो हमें एक अधिक संतुलित, खुशहाल, और अर्थपूर्ण जीवन की ओर ले जाती है।

24

चक्र एकीकरण: संपूर्णता और एकता को अपनाना

चक्र एकीकरण एक परिवर्तनकारी प्रक्रिया है जो व्यक्तिगत ऊर्जा केंद्रों के संतुलन से परे जाती है। यह हमारे अस्तित्व के विभिन्न धागों को एक सामंजस्यपूर्ण संपूर्णता में जोड़ने के बारे में है, हमारे शारीरिक, मानसिक और आध्यात्मिक स्व के आपसी जुड़ाव को अपनाना। जब हम अपने चक्रों का एकीकरण करते हैं, तो हम संपूर्णता, एकता और संपूर्ण अस्तित्व से जुड़ाव की गहरी भावना प्राप्त करते हैं। यह एकीकरण की यात्रा सिर्फ एक लक्ष्य नहीं है, बल्कि यह आत्म-खोज, उपचार और विकास की एक निरंतर प्रक्रिया है।

चक्र एकीकरण की अवधारणा इस समझ पर आधारित है कि हमारे शरीर केवल शारीरिक संस्थाएं नहीं हैं, बल्कि सात प्रमुख चक्रों से बनी ऊर्जा प्रणालियां हैं। प्रत्येक चक्र हमारे अस्तित्व के एक विशिष्ट पहलू का प्रतिनिधित्व करता है, जिसमें शारीरिक, मानसिक, भावनात्मक और आध्यात्मिक आयाम शामिल हैं। मूलाधार चक्र, जो रीढ़ की हड्डी के नीचे स्थित है, हमारी सुरक्षा, स्थिरता और अस्तित्व के प्रवृत्तियों का नियंत्रण करता है। स्वाधिष्ठान चक्र, जो नाभि के नीचे स्थित है, हमारी रचनात्मकता, जुनून और कामुकता से जुड़ा होता है। मणिपुर चक्र, जो ऊपरी पेट में स्थित है, हमारी व्यक्तिगत शक्ति, आत्म-सम्मान और इच्छाशक्ति का प्रतीक है। अनाहत चक्र, जो हृदय के मध्य स्थित है, प्रेम,

करुणा और क्षमा का केंद्र है। विशुद्ध चक्र, जो गले में स्थित है, संवाद, आत्म-अभिव्यक्ति और सत्य का नियंत्रण करता है। आज्ञा चक्र, जो भृकुटी के बीच स्थित है, हमारी अंतर्ज्ञान, दृष्टि और आंतरिक बुद्धिमत्ता से जुड़ा है। अंत में, सहस्रार चक्र, जो सिर के शीर्ष पर स्थित है, हमारे दिव्य से जुड़ाव, आध्यात्मिक ज्ञान और परिष्कार का प्रतीक है।

जब हमारे चक्रों का एकीकरण होता है, तो ऊर्जा हमारे पूरे शरीर में स्वतंत्र रूप से और सामंजस्यपूर्ण रूप से प्रवाहित होती है, जिससे संपूर्णता और कल्याण की भावना उत्पन्न होती है। हम अपने शरीर, भावनाओं, विचारों और आध्यात्मिक सार से गहरे रूप से जुड़ाव का अनुभव करते हैं। हम स्थिर, सुरक्षित और पृथ्वी से जुड़े हुए महसूस करते हैं, साथ ही रचनात्मकता, जुनून और कामुकता के प्रवाह के लिए खुले होते हैं। हम आत्म-सम्मान और आंतरिक शक्ति के साथ आत्मविश्वास, सशक्त और उद्देश्यपूर्ण होते हैं। हमारे दिल प्रेम, करुणा और क्षमा के लिए खुले होते हैं, और हम स्पष्टता, सत्य और ईमानदारी से संवाद करते हैं। हम अपनी अंतर्ज्ञान पर विश्वास करते हैं, अपनी आंतरिक बुद्धिमत्ता से जुड़ते हैं और अपने उच्च आत्म से संपर्क करते हैं। हम आध्यात्मिक जुड़ाव, ब्रह्मांड के साथ एकता और अपने स्थान की गहरी समझ का अनुभव करते हैं।

चक्र एकीकरण केवल व्यक्तिगत चक्रों का संतुलन बनाने के बारे में नहीं है, बल्कि इन्हें एकजुट रूप से जोड़ने के बारे में है। यह हमारे अस्तित्व के सभी पहलुओं के आपसी जुड़ाव को पहचानने और प्रत्येक चक्र द्वारा लाए गए अद्वितीय उपहारों को सम्मानित करने के बारे में है। जब हम अपने चक्रों का एकीकरण करते हैं, तो हम अहंकार की सीमाओं से ऊपर उठते हैं और स्वयं का एक विस्तृत और समावेशी रूप अपनाते हैं। हम पहचानते हैं कि हम केवल व्यक्तित्व नहीं हैं, बल्कि हम सभी सृष्टि से जुड़े एक बड़े पूरे का हिस्सा हैं।

चक्र एकीकरण की यात्रा एक गहरी व्यक्तिगत और परिवर्तनकारी यात्रा है। इसके लिए हमारे आंतरिक परिदृश्य की खोज, हमारे छायादृष्टि पहलुओं का सामना करना और हमारे अस्तित्व के सभी पहलुओं को अपनाने की इच्छा होती है, चाहे वे प्रकाशमय हों या अंधेरे। यह आत्म-खोज, उपचार और विकास की प्रक्रिया है जो हमारे चेतना में गहरी परिवर्तनों और हमारे और हमारे चारों ओर की दुनिया की बेहतर समझ की ओर ले जाती है।

चक्र एकीकरण के कई रास्ते हैं, जिनमें से प्रत्येक अद्वितीय दृष्टिकोण और ज्ञान प्रदान करता है। कुछ व्यक्ति अपने मार्गदर्शन के लिए एक चिकित्सक या हीलर से काम करना चुन सकते हैं, जबकि अन्य ध्यान, योग या जर्नलिंग जैसी प्रथाओं के माध्यम से इस प्रक्रिया का अन्वेषण करना पसंद कर सकते हैं। चाहे तरीका कोई भी हो, कुंजी है आत्म-जागरूकता, करुणा और विकास और रूपांतरण की प्रक्रिया को आत्मसमर्पण करने की इच्छा।

ध्यान चक्र एकीकरण के लिए एक शक्तिशाली उपकरण है, क्योंकि यह हमें हमारे मन को शांत करने, हमारे आंतरिक स्व से जुड़ने और हमारे भीतर ऊर्जा के प्रवाह का निरीक्षण करने की अनुमति देता है। जब हम अपने ध्यान को प्रत्येक चक्र पर केंद्रित करते हैं, तो हम किसी भी अवरोध या असंतुलन को महसूस कर सकते हैं और जानबूझकर उस क्षेत्र में ऊर्जा का मार्गदर्शन कर सकते हैं जिसे उपचार की आवश्यकता होती है। मार्गदर्शित ध्यान, दृश्यकल्पना और चक्र-विशिष्ट मंत्र भी एकीकरण को सुविधाजनक बनाने के लिए सहायक उपकरण हो सकते हैं।

योग, जो शारीरिक और ऊर्जा संरेखण पर जोर देता है, चक्र एकीकरण का समर्थन भी कर सकता है। विशिष्ट योग आसन का उपयोग करके प्रत्येक चक्र को उत्तेजित और संतुलित किया जा सकता है, जिससे शरीर के अंदर ऊर्जा का स्वतंत्र प्रवाह बढ़ता है। नियमित रूप से योग का अभ्यास करके, हम अपने शरीर, भावनाओं और आध्यात्मिक सार से गहरी कनेक्शन उत्पन्न कर सकते हैं, जो संपूर्णता और एकता की भावना को बढ़ावा देता है।

ऊर्जा उपचार पद्धतियाँ, जैसे रेकि, प्राणिक हीलिंग या क्रिस्टल थेरेपी, चक्र एकीकरण के लिए प्रभावी उपकरण हो सकती हैं। ये प्रथाएँ सूक्ष्म ऊर्जा शरीर के साथ काम करती हैं, अवरोधों को साफ करती हैं, चक्रों को संतुलित करती हैं और गहरी स्तर पर उपचार को बढ़ावा देती हैं। एक कुशल चिकित्सक के साथ काम करके, हम अपनी ऊर्जा के पैटर्न में मूल्यवान अंतर्दृष्टि प्राप्त कर सकते हैं और एकीकरण प्रक्रिया के लिए समर्थन प्राप्त कर सकते हैं।

इन विशिष्ट प्रथाओं के अलावा, चक्र एकीकरण का समर्थन करने के लिए कई अन्य तरीके हैं। प्रकृति में समय बिताना, जानवरों से जुड़ना, रचनात्मक

गतिविधियों में शामिल होना और आत्म-देखभाल की रस्में अपनाना सभी एक अधिक संतुलित और एकीकृत जीवन शैली को बढ़ावा देने में योगदान कर सकते हैं। यह भी महत्वपूर्ण है कि हम स्वस्थ रिश्तों को बढ़ावा दें, सकारात्मक प्रभावों से घिरे रहें और ऐसी गतिविधियों में भाग लें जो हमें खुशी और संतोष देती हैं।

चक्र एकीकरण कोई गंतव्य नहीं है, बल्कि यह एक निरंतर यात्रा है। यह आत्म-खोज, उपचार और विकास की प्रक्रिया है। जैसे-जैसे हम अपने चक्रों का एकीकरण करते हैं, हम संपूर्णता, एकता और संपूर्ण अस्तित्व से जुड़ाव की गहरी भावना प्राप्त करते हैं। हम अधिक करुणामय, प्रेमपूर्ण और अपने आप और दूसरों के प्रति स्वीकार्य बनते हैं। हम अपनी सहज बुद्धि, रचनात्मकता और अंतर्ज्ञान से जुड़ते हैं, और हम एक ऐसा जीवन जीते हैं जो हमारे उच्चतम उद्देश्य के साथ मेल खाता है।

25

चक्र आरोहण: सीमाओं को पार करना और चेतना का विस्तार

चक्र आरोहण एक गहरी आध्यात्मिक यात्रा है जो हमारे शारीरिक अस्तित्व की सीमाओं को पार करती है और हमारी चेतना को नई ऊँचाइयों तक विस्तारित करती है। यह अपनी अनुभव की सीमाओं से आगे बढ़ने, पुराने पैटर्न और विश्वासों को त्यागने, और अपने और ब्रह्मांड की अधिक विस्तृत और आपसी जुड़ाव की समझ को अपनाने की प्रक्रिया है। यह यात्रा केवल व्यक्तिगत विकास को प्राप्त करने के बारे में नहीं है, बल्कि हमारे उच्चतम संभावनाओं के साथ सामंजस्य बनाने और मानवता के सामूहिक विकास में योगदान देने के बारे में है।

चक्र आरोहण की अवधारणा प्राचीन ज्ञान परंपराओं में निहित है, जो मानव शरीर को एक बहुआयामी ऊर्जा प्रणाली के रूप में देखती हैं, जिसमें प्रत्येक चक्र चेतना के एक अलग स्तर का प्रतिनिधित्व करता है। ये चक्र केवल शारीरिक ऊर्जा केंद्र नहीं होते, बल्कि अस्तित्व के उच्चतर क्षेत्र में प्रवेश के द्वार होते हैं। जब हम चक्रों के माध्यम से आरोहित होते हैं, तो हम व्यक्तिगत जागरूकता की अवस्था से ब्रह्मांडीय चेतना की अवस्था में प्रवेश करते हैं, और हम सृष्टि के सभी हिस्सों से अपने जुड़ाव को पहचानते हैं।

चक्र आरोहण की यात्रा मूलाधार चक्र से शुरू होती है, जो हमारी शारीरिक दुनिया से

जुड़ाव और हमारा आधार है। जैसे ही हम इस चक्र को जागृत करते हैं, हम वर्तमान क्षण में अपने आप को जड़ित करते हैं, सुरक्षा और स्थिरता की भावना उत्पन्न करते हैं, और किसी भी डर या चिंता को छोड़ देते हैं जो हमें पीछे खींच सकती है। यह जड़न प्रक्रिया हमें चक्रों के माध्यम से एक मजबूत आधार के साथ ऊपर की ओर बढ़ने की अनुमति देती है।

स्वाधिष्ठान चक्र, जो रचनात्मकता, जुनून और कामुकता से जुड़ा है, हमारे आरोहण यात्रा में अगला कदम होता है। जब हम इस चक्र को जागृत करते हैं, तो हम अपनी भावनाओं को अपनाते हैं, अपनी रचनात्मक क्षमता को उजागर करते हैं, और संबंध और अंतरंगता की खुशी का अनुभव करते हैं। हम जीवन के लय के साथ बहने, अपनी इच्छाओं को अपनाने, और अपनी वास्तविकता को व्यक्त करने का तरीका सीखते हैं।

मणिपुर चक्र, जो व्यक्तिगत शक्ति, आत्म-सम्मान और आत्मविश्वास का केंद्र है, वह स्थान है जहां हम अपनी वास्तविक क्षमता में कदम रखते हैं। जब हम इस चक्र को जागृत करते हैं, तो हम आत्म-सम्मान की मजबूत भावना विकसित करते हैं, आत्म-संशय को पार करते हैं, और अपनी अनूठी क्षमताओं और प्रतिभाओं को अपनाते हैं। हम स्वस्थ सीमाएँ निर्धारित करना, जोखिम लेना और आत्मविश्वास और संकल्प के साथ अपने जुनून का पालन करना सीखते हैं।

अनाहत चक्र, जो निचले और ऊपरी चक्रों के बीच पुल के रूप में कार्य करता है, वह स्थान है जहाँ हम अपने दिलों को प्रेम, करुणा और क्षमा के लिए खोलते हैं। जब हम इस चक्र को जागृत करते हैं, तो हम अहंकार की सीमाओं को पार करते हैं और प्रेम की एक अधिक विस्तृत और समावेशी समझ को अपनाते हैं। हम खुद को और दूसरों को क्षमा करना, सहानुभूति और करुणा विकसित करना, और दुनिया में प्रेम और प्रकाश का विकिरण करना सीखते हैं।

विशुद्ध चक्र, जो संवाद और आत्म-अभिव्यक्ति का केंद्र है, वह स्थान है जहां हम अपनी आवाज पाते हैं और अपना सत्य बोलते हैं। जब हम इस चक्र को जागृत करते हैं, तो हम स्पष्टता, ईमानदारी और वास्तविकता से संवाद करना सीखते हैं। हम अपनी रचनात्मकता को व्यक्त करते हैं, अपनी बुद्धिमत्ता साझा करते हैं, और दूसरों के साथ गहरे स्तर पर जुड़ते हैं। हम गहरे से सुनना भी सीखते हैं और

दूसरों की आवाज़ों का सम्मान करते हैं।

आज्ञा चक्र, जो हमारी अंतर्ज्ञान, दृष्टि और आंतरिक बुद्धिमत्ता का केंद्र है, वह स्थान है जहां हम अपनी उच्च चेतना से जुड़ते हैं और अपनी आंतरिक मार्गदर्शन को महसूस करते हैं। जब हम इस चक्र को जागृत करते हैं, तो हम अपनी अंतर्ज्ञान को विकसित करते हैं, अपनी आंतरिक समझ पर विश्वास करते हैं, और भौतिक दुनिया के भ्रमों से परे देखने की क्षमता प्राप्त करते हैं। हम गहरी सच्चाइयों तक पहुँचते हैं, अपनी जागरूकता का विस्तार करते हैं, और अपनी आध्यात्मिक सार से जुड़ते हैं।

अंत में, सहस्रार चक्र, जो आध्यात्मिक ज्ञान और परिष्कार का द्वार है, वह स्थान है जहां हम ब्रह्मांड से एकता का अनुभव करते हैं। जब हम इस चक्र को जागृत करते हैं, तो हम अहंकार की सीमाओं को पार करते हैं, दिव्य से जुड़ते हैं, और शांति, खुशी और एकता का एक गहरा अनुभव करते हैं। हम महसूस करते हैं कि हम ब्रह्मांड से अलग नहीं हैं, बल्कि इसका एक अभिन्न हिस्सा हैं, और हम सभी सृष्टि से जुड़े हैं।

चक्र आरोहण एक जीवनभर की यात्रा है, जो आत्म-खोज, उपचार और रूपांतरण की प्रक्रिया है। यह निरंतर विकास और विस्तार की प्रक्रिया है, जैसे हम पुराने पैटर्न और विश्वासों को त्यागते हैं, नई जागरूकता के स्तरों को अपनाते हैं, और अपनी उच्चतम संभावनाओं को व्यक्त करते हैं। यात्रा कभी-कभी चुनौतीपूर्ण हो सकती है, लेकिन इसके पुरस्कार अमूल्य होते हैं। जैसे-जैसे हम चक्रों के माध्यम से आरोहित होते हैं, हम अधिक खुशी, संतोष और आध्यात्मिक जुड़ाव का अनुभव करते हैं। हम और अधिक करुणामय, प्रेमपूर्ण और क्षमाशील बनते हैं, न केवल अपने प्रति, बल्कि दूसरों के प्रति भी। हम ब्रह्मांड में अपने स्थान को गहरे तरीके से समझते हैं, और हम मानवता के सामूहिक विकास में योगदान देने में सक्षम होते हैं।

चक्र आरोहण का रास्ता प्रत्येक व्यक्ति के लिए अद्वितीय होता है। कुछ लोग स्वाभाविक रूप से जागृत होते हैं, जबकि अन्य इसे विशिष्ट प्रथाओं और तकनीकों के माध्यम से सुगम बनाने के लिए चुन सकते हैं। चाहे तरीका कोई भी हो, चक्र आरोहण की यात्रा एक गहरी व्यक्तिगत और परिवर्तनकारी यात्रा है, जो एक

अधिक अर्थपूर्ण, उद्देश्यपूर्ण और आध्यात्मिक रूप से जुड़ी हुई जिंदगी की ओर ले जाती है।

26

सारांश

चक्रों के माध्यम से यात्रा शुरू करना हमारे आंतरिक परिदृश्य की एक गहरी अन्वेषण यात्रा है, यह आत्म-खोज और रूपांतरण की यात्रा है। प्रत्येक चक्र, मूल से लेकर सहस्रार तक, हमारे अस्तित्व का एक अद्वितीय पहलू है, जो शारीरिक, मानसिक और आध्यात्मिक आयामों को समाहित करता है। इन ऊर्जा केंद्रों को समझकर और संतुलित करके, हम अपनी पूरी क्षमता को उजागर कर सकते हैं, अधिक आत्म-जागरूकता विकसित कर सकते हैं, और एक अधिक जीवंत, खुशीपूर्ण और अर्थपूर्ण जीवन जी सकते हैं।

हमारी यात्रा मूलाधार चक्र से शुरू होती है, जो हमारे आधार और शारीरिक दुनिया से जुड़ाव का प्रतीक है। यह चक्र, जो लाल रंग और पृथ्वी के तत्व से जुड़ा है, हमारी सुरक्षा, स्थिरता और संबंध की भावना को नियंत्रित करता है। जब यह संतुलित होता है, तो हम जीवन की चुनौतियों का सामना करते हुए जड़ित, सुरक्षित और आत्मविश्वासी महसूस करते हैं। हम इस चक्र को जड़ने के अभ्यास, प्रकृति में समय बिताने और खाद्य पदार्थों जैसे कि जड़ वाली सब्जियों और लाल फलों का सेवन करके पोषित कर सकते हैं।

स्वाधिष्ठान चक्र की ओर बढ़ते हुए, हम रचनात्मकता, जुनून और कामुकता के क्षेत्र में प्रवेश करते हैं। यह चक्र, जो नारंगी रंग और जल तत्व से जुड़ा है, आनंद, अंतरंगता और रचनात्मक अभिव्यक्ति का स्रोत है। जब यह संतुलित होता है, तो हम गहरे आनंद, प्रचुरता और रचनात्मक प्रेरणा का अनुभव करते हैं। हम इस चक्र को रचनात्मक प्रयासों, योग जैसी गतिशील अभ्यासों और जलवर्धक खाद्य

पदार्थों जैसे तरबूज और संतरे का सेवन करके सक्रिय कर सकते हैं।

आगे बढ़ते हुए, हम मणिपुर चक्र से मिलते हैं, जो व्यक्तिगत शक्ति, आत्म-सम्मान और आत्मविश्वास का विकिरण केंद्र है। यह चक्र, जो पीले रंग और अग्नि तत्व से जुड़ा है, हमारे प्रेरणा, महत्वाकांक्षा और उद्देश्य की भावना को प्रज्वलित करता है। जब यह संतुलित होता है, तो हम आत्मविश्वास, सशक्त और जीवन में क्रियावली करने के लिए सक्षम महसूस करते हैं। हम इस चक्र को आत्म-सशक्तिकरण अभ्यासों, शारीरिक गतिविधियों और गर्माहट देने वाले खाद्य पदार्थों जैसे केले और साबुत अनाज का सेवन करके उत्तेजित कर सकते हैं।

हमारे अस्तित्व के हृदय में अनाहत चक्र है, जो प्रेम, करुणा और क्षमा का स्रोत है। यह चक्र, जो हरे या गुलाबी रंग और वायु तत्व से जुड़ा है, हमारे निचले और ऊपरी चक्रों के बीच पुल के रूप में कार्य करता है, हमारे सांसारिक अनुभवों को आध्यात्मिक आकांक्षाओं से जोड़ता है। जब यह संतुलित होता है, तो हम खुद और दूसरों के लिए गहरा प्रेम, करुणा और क्षमा का अनुभव करते हैं। हम खुद को और दूसरों को माफ करना, सहानुभूति और करुणा का विकास करना और अपने दिलों को प्रेम और क्षमा के लिए खोलना सीखते हैं।

विशुद्ध चक्र, जो संवाद और आत्म-अभिव्यक्ति का केंद्र है, वह स्थान है जहाँ हम अपनी आवाज पाते हैं और अपना सत्य बोलते हैं। जब हम इस चक्र को जागृत करते हैं, तो हम स्पष्टता, ईमानदारी और वास्तविकता से संवाद करना सीखते हैं। हम अपनी रचनात्मकता को व्यक्त करते हैं, अपनी बुद्धिमत्ता साझा करते हैं, और दूसरों के साथ गहरे स्तर पर जुड़ते हैं। हम गहरे से सुनना भी सीखते हैं और दूसरों की आवाज़ों का सम्मान करते हैं।

आज्ञा चक्र, जो हमारी अंतर्ज्ञान, दृष्टि और आंतरिक बुद्धिमत्ता का केंद्र है, वह स्थान है जहां हम अपनी उच्च चेतना से जुड़ते हैं और अपनी आंतरिक मार्गदर्शन को महसूस करते हैं। जब हम इस चक्र को जागृत करते हैं, तो हम अपनी अंतर्ज्ञान को विकसित करते हैं, अपनी आंतरिक समझ पर विश्वास करते हैं, और भौतिक दुनिया के भ्रमों से परे देखने की क्षमता प्राप्त करते हैं। हम गहरी सच्चाइयों तक पहुँचते हैं, अपनी जागरूकता का विस्तार करते हैं, और अपनी आध्यात्मिक सार

से जुड़ते हैं।

अंत में, सहस्रार चक्र, जो आध्यात्मिक ज्ञान और परिष्कार का द्वार है, वह स्थान है जहां हम ब्रह्मांड से एकता का अनुभव करते हैं। जब हम इस चक्र को जागृत करते हैं, तो हम अहंकार की सीमाओं को पार करते हैं, दिव्य से जुड़ते हैं, और शांति, खुशी और एकता का एक गहरा अनुभव करते हैं। हम महसूस करते हैं कि हम ब्रह्मांड से अलग नहीं हैं, बल्कि इसका एक अभिन्न हिस्सा हैं, और हम सभी सृष्टि से जुड़े हैं।

हमारी यात्रा के दौरान, हम अपने भीतर दोनों, प्रकाश और अंधकार, के पहलुओं से मिलते हैं। चक्र छाया कार्य हमें हमारे अवचेतन में गहरे उतरने, दबाए गए भावनाओं, भय और सीमित विश्वासों को बाहर लाने और उन्हें एकीकृत करने का अवसर प्रदान करता है। जब हम अपनी छाया को स्वीकार करते हैं, तो हम अधिक पूर्णता और एकता प्राप्त कर सकते हैं, जिससे गहरे उपचार और रूपांतरण की प्रक्रिया शुरू होती है।

चक्र उपचार एक बहुआयामी दृष्टिकोण है जिसमें ऊर्जा उपचार, योग, एरोमाथेरेपी, क्रिस्टल थेरेपी, और ध्वनि उपचार जैसी विधियाँ शामिल हैं। इन उपकरणों का उपयोग करके, हम रुकावटों को दूर कर सकते हैं, ऊर्जा के प्रवाह को बहाल कर सकते हैं, और हमारे अस्तित्व के सभी स्तरों पर उपचार को बढ़ावा दे सकते हैं। चक्र ध्यान और जर्नलिंग हमारे आंतरिक स्व से जुड़ने, मूल्यवान दृष्टिकोण प्राप्त करने और चक्रों के एकीकरण की प्रक्रिया को सुगम बनाने के प्रभावशाली तरीके हैं।

अंत में, चक्रों के माध्यम से यात्रा आत्म-खोज, आत्म-प्रेम और आध्यात्मिक जागृति की यात्रा है। हमारे ऊर्जा केंद्रों को समझकर और संतुलित करके, हम अपनी पूरी क्षमता को उजागर कर सकते हैं, अधिक आत्म-जागरूकता विकसित कर सकते हैं, और एक अधिक जीवंत, खुशीपूर्ण और अर्थपूर्ण जीवन जी सकते हैं। जैसे ही हम सभी चीजों के आपसी जुड़ाव को समझते हैं, हम यह महसूस करते हैं कि हम ब्रह्मांड से अलग नहीं हैं, बल्कि इसका एक अभिन्न हिस्सा हैं, और हम सभी सृष्टि से जुड़े हुए हैं।

❧

उद्धरण और संदर्भ

यह पुस्तक व्यापक अनुसंधान और सूक्ष्म विश्लेषण का परिणाम है, जिसमें विभिन्न स्रोतों जैसे अनेक पुस्तकों, विद्वानों के अध्ययन और व्यक्तिगत अनुभवों को सम्मिलित किया गया है। इसके अतिरिक्त, मैंने इस कार्य को संकलित करने के लिए प्रासंगिक जानकारी और आंकड़े जुटाने हेतु विभिन्न वेबसाइटों की भी खोज की है। मैंने प्रस्तुत जानकारी की सटीकता सुनिश्चित करने के लिए हर संभव प्रयास किया है और सभी स्रोतों का विधिपूर्वक उल्लेख किया है ताकि उनके योगदान को सम्मानित किया जा सके।

इन प्रयासों के बावजूद, अनजाने में त्रुटियाँ होने की संभावना बनी रहती है। मैं अपने पाठकों के विचारों को अत्यधिक महत्व देता हूँ और किसी भी ऐसी त्रुटि की पहचान करने और उसे सुधारने के लिए आपके फीडबैक का स्वागत करता हूँ। मैं आपसे आग्रह करता हूँ कि किसी भी प्रकार की विसंगतियों को मेरी जानकारी में लाएँ।

आपका फीडबैक न केवल स्वागत योग्य है बल्कि अत्यावश्यक भी है, क्योंकि यह वर्तमान संस्करण में सुधार लाने और भविष्य के संस्करणों की सामग्री को और बेहतर बनाने में मदद करेगा। मैं अपनी कृतियों में उच्चतम स्तर की सटीकता और विश्वसनीयता बनाए रखने के प्रति प्रतिबद्ध हूँ और आपके समर्थन और समझ के लिए धन्यवाद देता हूँ।

इसके अतिरिक्त, मैं संविधान के अनुच्छेद 19(1)(क) के तहत गारंटीकृत अभिव्यक्ति की स्वतंत्रता के सिद्धांत का दृढ़ता से पालन करती हूँ और अपने सभी पाठकों के विविध दृष्टिकोणों और अभिव्यक्तियों का सम्मान करता हूँ।

Other Books Of The Author

1. Empowering Minds: A Journey into Women's Self-Discovery and Power
2. The Dynamics of Motivation: Catalyzing Thought into Action
3. Meditation and Mental Well Being: The Path to Inner Peace and Clarity
4. The Psychology of Child Education: Nurturing Future Generations
5. Ethical Enlightenment: A Modern Guide to Living with Integrity
6. Voices of Empowerment: Stories of Women Rising Against Odds
7. Social Psychology in Everyday Life: Understanding Human Connections
8. The Essence of Motivational Speaking: Inspiring Change in Others
9. Balancing Acts: Women, Work, and the Will to Lead
10. Guiding with Grace: Raising Children with Compassion and Awareness
11. The Power of Positive Aging: Embracing Life After Fifty
12. Building Resilient Communities: Social Work in Action
13. The Ethical Educator: Principles for Teaching and Learning
14. Innovative solutions for Social Change: The Role of Social Psychology for crafting a Better World
15. The Ethics of Empathy: A Guide to Ethical Living
16. The Science of Empowering the Self: Navigating Life's Challenges with Psychological Wisdom
17. The Mindful Conscious Leader: Meditation Techniques for Modern Management
18. Pioneering Spirit: Women's Pathways to Leadership and Empowerment
19. Feeling to Healing: The Role of Emotional Intelligence in Child Development
20. Transformative Talks and Words of Inspiration: Insights into

OTHER BOOKS OF THE AUTHOR

Motivational Oratory

21. The Hidden Path to Ethical Sustainability: Crafting a Greener Tomorrow
22. Spiritual Integrity: Navigating Life with Moral Compassion
23. Clean Living, Clean Society: The Ethics of Cleanliness
24. Patriotic Spirits: Building a Nation on Positive Attitudes
25. Innovative Integrity & Vibrant Visions: The Ethical and Entrepreneurial Spirit of Gujarat
26. Youthful Visions, Endless Possibilities: Inspiring Ethics and Motivation in Children
27. Living Your Legacy: How to Motivate Others by Living Your Values
28. Secret of Healing Conversations: Ethical Practices in Counselling and Therapy
29. Creative Kindness: Crafting a Life of Compassion and Creativity
30. The Power of Appreciation: How Gratitude Can Transform Your Relationships
31. Pathways to Purpose: Life Lessons from the Bhagavad Gita for Aspiring Young Minds
32. The Symphony of the Soul: Exploring Visual, Musical, and Performance Arts in Therapeutic Harmony
33. Vivekananda's Virtues: A Blueprint for Modern Living
34. Quotes That Inspire and Empower: Guiding Words to Lift Your Journey
35. The Boundless Classroom: Innovations in Global Education
36. Trusting the Self Within: Techniques for Confidence and Peace
37. From Peaks to Palms: A Journey Through India's Natural Splendor
38. India on their shoulders: Lives That Inspire Continents
39. Finding Your Why: Discovering Your Passions and Charting Your Course
40. The Warrior's Mantra: Deciphering the Hanuman Chalisa
41. The Role of Social Media in Shaping Self-Esteem and Interpersonal Relationships among Adolescents
42. Karma's Tapestry: Weaving a Life of Selfless Service

෧෨

Contact

Dr. Minakshi Bansal
Social Activist
Ahmedabad, Gujarat, Bharat
dhanyamfoundation@gmail.com

|| LOKAHA SAMASTHAHA SUKHINO BHAVANTU ||

• 103 •